아듀 레비나스

Adieu à Emmanuel Lévinas
Jacques Derrida

아듀 레비나스

Adieu à Emmanuel Lévinas

자크 데리다

Jacques Derrida

문성원 옮김

문학과지성사

아듀 레비나스

제1판 제1쇄 2016년 8월 5일
제1판 제2쇄 2022년 8월 5일

지은이 자크 데리다
옮긴이 문성원
펴낸이 이광호
펴낸곳 ㈜문학과지성사
등록번호 제1993-000098호
주소 04034 서울 마포구 잔다리로7길 18(서교동 377-20)
전화 02) 338-7224
팩스 02) 323-4180(편집) 02) 338-7221(영업)
전자우편 moonji@moonji.com
홈페이지 www.moonji.com

ISBN 978-89-320-2856-9 93160

이 도서의 국립중앙도서관 출판예정도서목록(CIP)은 서지정보유통지원시스템 홈페이지
(http://seoji.nl.go.kr)와 국가자료공동목록시스템(http://www.nl.go.kr/kolisnet)에서
이용하실 수 있습니다. (CIP제어번호: CIP2016016964)

프롤로그

「아듀」는 에마뉘엘 레비나스에 대한 조사弔詞로, 1995년 12월 27일에 판탱 묘지에서 낭독하였다.

이 글은 비통함 속에서 한밤중에 급히 쓴 것이어서, 만일 아테네에서 편집한 그리스어 소책자 형태(아그라 출판사, 1996)로 처음 그 모습을 드러내지 않았더라면 출판할 엄두도 내지 못했을 것이다. 반젤리스 비트소리스는 엄격하면서도 너그러운 배려로 이 글을 편집해주었다. 그가 붙인 주석은 일반적인 주석을 넘어서는 것으로, 이 책자에도 다시 싣게 되었다. 그 주들을 써준 데 대해 먼저 감사드리며, 우리를 위해 그것을 프랑스어로 번역해준 데 대해서도 감사드린다.

「맞아들임의 말」은 한 해 뒤인 1996년 12월 7일, "에마뉘엘 레비나스 헌정학회"의 개막 강연으로 소르본의 리슐리외 강당에서 발표한 것이다. 이 학회는 다니엘 코헨-레비나스의 책임하에 철학국제학교le Collège International de Philosophie가 조직한 것으로, 이틀 동안 열렸으며, 주제는 "얼굴과 시나이Visage et Sinaï"였다.

차례

일러두기

1. 이 책은 Jacques Derrida, *Adieu à Emmanuel Lévinas*, Galilée, 1997을 저본으로 하여 번역하였다.

2. 각주는 별다른 설명이 없을 경우는 원서의 각주를 번역한 것이며, 각주 뒤에 '―옮긴이'라고 표시된 것은 한국어판 옮긴이가 붙인 것이다.

3. 원서에서 《 》로 표기한 부분은 " "로, 대문자로 표시한 부분은 해당 글자 위에 방점을 붙였다(예: 타·자·). 또한 이탤릭으로 표기한 부분은 그 쓰임에 따라 고딕체, 『 』,「 」등으로 구분해 표기했다.

아듀

Adieu

* 이 글의 각주들은 '— 옮긴이'라는 표시가 없는 한, 그리스어 번역본(아그라 출판사, 1996) 번역자인 반겔리스 비트소리스가 붙인 것이다.

오래전부터, 아주 오래전부터 저는 두려웠습니다. 에마뉘엘 레비나스에게 "아듀"라고 말해야 할 날이 말입니다.

저는 알고 있었습니다. 그 말을 하는 순간, 그것도 큰 목소리로, 이 자리에서, 그의 앞에서, 그와 이렇게 가까이서, 아듀라는 이 말을 발음하는 순간, 제 목소리가 떨리리라는 것을. "아-듀à-Dieu"[신Dieu-에게로à], 이 말은 어떤 의미에서는 그에게서 가져온 것입니다. 그는 이 말을 제가 달리 생각하도록 또는 달리 발음하도록 가르쳐주었다고 할 수 있습니다.[1]

---

[1] Jacque Derrida, "Donner la mort", *L'Éthique du don*, Paris, Métailié-Transition, 1992, pp. 50~51 참조. "나는 아듀가 적어도 다음 세 가지 사안을 의미할 수 있다고 생각한다. 1. (다른 서술적인 말들에 앞서 하는) 인사나 축복의 말('아듀'는 '안녕' '반가워' '아, 너구나' 등을 뜻할 수 있다). 나는 너에게 다른 말을 꺼내기에 앞서 이 말을 한다. 프랑스어에서는 헤어질 때가 아니라 만날 때 '아듀'

에마뉘엘 레비나스가 프랑스어 "아듀"에 대해 썼던 것을 생각해봄으로써—곧 이 이야기로 돌아오도록 하겠습니다—이 자리에서 발언을 할 일종의 용기를 찾을 수 있었으면 합니다. 저는 벌거벗은 말로, 또한 어린아이 같고 제 마음처럼 상처받고 무력한 말로 그 일을 하고자 합니다.

이러한 순간 우리는 누구에게 말을 건네는 것일까요? 또 우리는 누구의 이름으로 이런 일을 정당화하는 것일까요? 때로 이런 자리에서 말을 하기 위해, 공개적으로 말을 하기 위해 앞에 선 이들이 활기찬 속삭임들을, 죽은 친구 또는 스승과 항상 마음속으로 친밀하게 혹은 비밀리에 연결지어왔던 내밀한 교류를 중단시킵니다. 묘지에서 발언을 하는 이들은 때로, 더 이상 존재하지 않는다고, 더 이상 살아 있지 않다고, 더 이상 거기 있지 않다고, 더 이상 대답하지 않는다고 하는 사람에게, **직접적으로, 아주 곧바로**tout droit 말을 건넵니다. 비탄에 잠긴 목소리로—그들은 침묵을 지키는 타자를 친밀하게 부릅니다—에두름 없이 매개도 없이 호명합니다. 갑자기 부르고, 인사하고, 토로합니다. 이것은 어쩔 수 없는 관습적 필연은 아니

라고 말하는 경우들이 있다. 2. 헤어질 때나 떠날 때, 때로 영원히 떠날 때(또 그러리라는 것을 배제할 수 없을 때), 즉 이승으로 돌아오지 않는, 죽음의 순간에 하는 인사나 축복의 말. 3. 신-에게로. 모든 것에 앞서 또 타자와의 모든 관계에서, 모든 다른 아듀에서 신을 위함 또는 신 앞에 섬. 타자와의 모든 관계는, 모든 것의 앞이고 모든 것의 뒤인, 아듀가 될 것이다."

지요. 추도사의 수사적 편의에서 그러는 것도 아닙니다. 그것은 오히려 발언을 가로질러가기 위해서일 겁니다. 이런 발언에서 우리는 할 말이 궁하니까요. 또 자신에게로 돌아오는, 우리에게로 돌아오는 모든 언어들은 예의바르지 못한indécent 것으로 나타나기 때문이기도 하지요. 그것은 반사된 언설로서, 상처 입은 공동체로, 공동체의 위로나 공동체의 애도로 돌아오게 됩니다. "애도 작업"이라는, 이 혼란스럽고 끔찍한 표현으로 불리는 것으로 말이지요. 그러한 발언은 자신에게 몰두한 나머지, 이렇게 되돌아오면서 우리가 여기서 지켜야 할 바를 에두를 위험을 무릅쓰게 되지요. 그 지켜야 할 바란 곧 **올곧음** *droiture*이라는 기준입니다. 즉, 곧바로 말하는 것, 타자에게*à* 직접 말을 건네는 것이지요. 그리고 우리가 사랑하고 흠모하는 타자**를** 위해 말하는 것입니다. 그에 관해 말하기 이전에 말입니다. 우선 "아듀"라고 말하는 것입니다. 그에게, 에마뉘엘에게. 그리고 그가 아듀에 대해 우리에게 무엇을 알려주었는지를 떠올리는 데만 머물지 않는 것입니다. "올곧음"이라는 단어 또한 그렇습니다. 그 단어가 에마뉘엘 레비나스로부터 제게 왔을 때 저는 비로소 그 말을 달리 이해하고 배우기 시작했습니다. 레비나스가 올곧음을 말하는 지점들 가운데서, 저는 무엇보다도 『탈무드에 대한 네 개의 강의』에 실린 강의 하나가 생각납니다. 거기서 올곧음이란 "죽음보다 더 강한"[2] 것을 일컫는다고 말하고 있어서지요.

하지만 "죽음보다 더 강하다"고 하는 온갖 것들에서 피난처나 핑계를, 더욱이 위안을 찾으려 들지는 맙시다. 레비나스는 「'안식일'론에 대한 주해」[3]에서 올곧음을 정의하며 이렇게 말하고 있습니다. 양심은 "목적을 향하는 긴급함인데, 이것은 타인에게로 향하는 것이지 자기에게로 영원히 되돌아감이 아니"[4]라고 말이지요. 나아가 양심이란 이런 것입니다. "순진함 없는 순수함, 어리석음 없는 올곧음, 자기에 대한 절대적 비판이기도 한 절대적 올곧음, 이 올곧음의 끝인 자의, 그 시선으로 나를 문제 삼는 자의 눈 속에서 읽힌 절대적 올곧음. 타자를 향한 운동, 초월을 감당할 수 없는 유희가 그렇게 돌아오듯, 자신의 원점으로 돌아오지 않는 운동. 염려 너머의, 그리고 죽음보다 더 강한 운동. 야곱의 본질인, '테미무스*Temimouth*'라 불리는 올곧음."[5]

이 성찰에는 우리를 일깨우는 레비나스 사유의 모든 위대한 주제들이 작용하고 있습니다. 언제나처럼, 그러나 매번 독특한 방식으로요. 우선 책임이라는 주제가, 그런데 내 자유를 침범하고 내 자유보다 우선하는 "무한정의"[6] 책임이라는 주제, "무

2   Emmanuel Lévinas, *Quatre lectures talmudiques*, Paris, Minuit, 1968, p. 105.
3   같은 책의 두번째 강의에 해당한다.
4   같은 책, p. 105.
5   같은 곳.
6   예를 들어 같은 책, p. 108을 보라. "물론, 모두를 위한 나의 책임은 스스로를

조건적 예oui"[7]의 책임이 있습니다. 이 텍스트는 "순진한 자발성보다 더 오래된 예"[8]를, "해지할 수 없는 결합에 대한 본래적 충실성"[9]인 이 올곧음과 합치하는 예를 말하고 있습니다. 그리고 이 강의의 마지막 말들은 죽음을 논하는 것으로 귀착합니다.[10] 그렇습니다. 하지만 죽음이 정말 마지막 말이나 첫번째 말이 되게 하지는 않습니다. 그 말들은 우리에게 항구적인 모티브, 즉 죽음에 대한 성찰을 상기시킵니다. 그것은 엄청나고도 끝없는 성찰이지만, 플라톤에서 하이데거에 이르는 철학적 전통에 반하는 길을 갑니다. 다른 글에서도 레비나스는, 아-듀가 어떤 것이어야 하는가를 말하기에 앞서, "이웃의 얼굴의 극단적인 올곧음"을 "막을 길 없이 죽음에 노출되는 올곧음"[11]으로서 말하고 있지요.

나는 여기서 몇 마디 말로 레비나스의 **작품/저작들**œuvre을

한정하면서 나타날 수 있습니다. 자아는 이 한정되지 않은 책임의 이름으로 또한 자기에 대해 염려하도록 요청될 수 있는 것입니다."

7 "우리는 최초의 말이 무조건적 예라는 점을 긍정하는 경솔함을 범하지 않았던가요? 즉 다른 모든 말을 가능하게 하고, 게다가 그것이 부정성의 아니오에까지, 또 '유혹의 유혹'인 '둘-사이'에까지 이르게 하는 무조건적 예라는 점을 긍정하는 경솔함을 범하지 않았던가요?"(같은 책, p. 106).

8 같은 곳.

9 같은 책, p. 107.

10 같은 책, p. 109를 보라.

11 E. Lévinas, "La mauvaise conscience et l'inexorable", in *Exercices de la patience*, no 2, hiver, 1981, pp. 111~112.

헤아려볼 수도 없고 또 그럴 의향도 없습니다. 그것은 너무 거대해서 그 가장자리조차 보기 어렵습니다. 그리고 아마 우리는 레비나스로부터, 또 『전체성과 무한』으로부터, 다시 배우는 일에서 시작해야 할지도 모릅니다. 예컨대 "작품"[12]이란 무엇인지—또 번식성fécondité[13]이란 무엇인지—를 사유하는 것에서부터 말입니다. 게다가 우리는 그 독해에 수 세기가 걸리리라고 자신 있게 예측할 수 있을 겁니다. 우리는 이미 프랑스와 유럽의 경계를 넘어, 여러 언어로 된 다양한 저작들, 많은 번역서와 강의와 세미나와 학회 등등을 통해, 이 사유의 반향이 우리 시대의 철학적 반성의 흐름을, 그리고 철학에 대한 반성의 흐름을 바꾸리라는 무수한 조짐을 대하고 있습니다. 그것

---

12   예컨대 *Totalité et Infini*, Martinus Nijihoff, pp. 149~153을 보라. "La Trace de l'autre"(1963)에서 레비나스는 작품을 이렇게 규정한다. "철저하게 radicalement 사유된 작품이란 사실, 결코 동일자로 돌아가지 않는 타자를 향한 동일자의 운동이다. 우리는 이타카로 돌아가는 율리시즈의 신화에, 자신의 조국을 영원히 떠나 아직 알려지지 않은 땅으로 향하는 아브라함의 이야기를 맞세우고자 한다. 아브라함은 자신의 아들을 그의 하인이 출발점으로 데려가는 것조차 금한다. 철저하게 사유된 작품은 그 작품 속에서 타자를 향해 가는 동일자의 근본적 관대함을 요구한다. 그것은 결국 타자의 배은망덕*ingratitude*을 요구한다. 감사gratitude는 다름 아니라, 자신의 원천으로 돌아가는 운동일 것이다"(*En découvrant l'existence avec Husserl et Heidegger*, Paris, Vrin, 1967, p. 191. 또한 J. Derrida, "En ce moment même dans cet ouvrage me voici" in *Textes pour Emmanuel Lévinas*, Paris, Jean-Michel Place, 1980, pp. 48~53 참조).
13   예를 들어 E. Lévinas, *Totalité et Infini*, pp. 244~247, 특히 레비나스가 번식성과 작품을 관련시키는 p. 245를 보라.

은 철학을 윤리로, 윤리에 대한 다른 사유로 방향짓는 것에 관한 숙고입니다. 책임, 정의, 국가 등등에 대한 다른 사유. 그리고 타자에 대한 다른 사유. 이것은 새로운 것들의 새로움보다 더 새롭다고 할 수 있는데요, 타인의 얼굴의 절대적 선행성을 향하는 것이기에 그렇습니다.

그렇습니다. 그것은 존재론에 앞선, 또 존재론 너머의 윤리입니다. 국가나 정치 너머의 윤리입니다. 그러나 또한 윤리 너머의 윤리이기도 합니다. 언젠가 미셸앙주 가街에서 레비나스와 나눈 대화를 나는 소중하게 기억하고 있습니다. 그 사유의 광채와 웃음의 선량함과 생략법의 우아한 유머로 빛나던 대화의 한 대목을 말이지요. 그는 내게 말했습니다. "흔히들 내가 윤리에 대한 작업을 한다고 합니다만, 궁극적으로 내가 관심 있는 것은 윤리가 아닙니다. 단지 윤리가 아니지요. 성스러운 것, 성스러운 것의 성스러움입니다." 그래서 나는 독특한 분리를, 신에 의해 주어지고 명해진 장막의 유일한 분리를 떠올리게 되었습니다. 모세가 수놓는 사람에게가 아니라 발명가 또는 차라리 예술가에게 의뢰해야 했던 그 장막 말입니다. 그 장막은 성소聖所에서 성스러운 것들의 성스러운 것을 다시 **분리**하게 될 것이었죠.[14] 또 나는 **탈무드**의 다른 **가르침들**이 신성함과 성스

14 「출애굽기」 26장 31~32절: "너는 청색, 자색, 홍색 실과 가늘게 꼰 베실로 휘장을 만들어 그 위에 그룹 천사를 정교하게 수놓아라. [……] 그 휘장이 성소와 지성소를 갈라놓을 것이다"(『현대인의 성경』, 생명의말씀사 —옮긴이). 천막의 열림

러움 사이의 필수적인 구분을 더 날카롭게 만들고 있다는 점
도 떠올렸습니다. 이때의 성스러움은 타자의 성스러움이지요.
레비나스는 다른 곳에서, 사람의 이 성스러움에 대하여 이렇
게 말했습니다. 그것은 "땅보다 더 성스럽습니다. 그 땅이 성지
라 할지라도 말입니다. 모욕을 받은 개인 곁에서 이 땅—성스
러운 약속의 땅—은 헐벗고 황량한 수풀과 돌무더기에 지나
지 않기 때문입니다."[15]

　　윤리에 대한 이러한 성찰은 성스러운 것이 신성함에 대하여
초월적임을, 다시 말해 이교도적 뿌리와 장소의 우상숭배에 대
하여 초월적임을 성찰하는 것입니다. 우리는 이러한 성찰이 이
스라엘의 어제, 오늘 그리고 내일의 운명과 사상에 대한 끊임
없는 반성과 분리할 수 없는 것이었음을 알고 있습니다. 그 반
성은 되물어지고 다시 확립되어온 성서적이고 탈무드적인 전
통의 유산만이 아니라 우리 시대의 끔찍한 유산을 거쳐 이루
어진 반성이지요. 그 기억이 이 문장들 하나하나를 가까이서
든 멀리서든 규정하고 있습니다. 이러한 기억과 홀로코스트에
대한 조회照會가 때로 자기 정당화의 남용에 굴복할 수도 있기

을 보호하는 것은 "커튼rideau"(70인 역 그리스어 성경에 따르면 epispastron)인
데 비해, 천막의 내부에서는 장막의 "가리개écran"(katapétasma)가 "성스러운 것
과 성스러운 것들의 성스러운 것"(to hagion kai to hagion tôn hagiôn)을 분리했
다.

15　Marlène Zarader, *Heidegger et les paroles de l'origine*, Paris, Vrin, 1986
에 쓴 레비나스의 「서문」(pp. 12~13) 참조.

　　　　　　　아듀 레비나스

에, 레비나스는 그런 경우들에 저항하기도 했지만 말입니다.

그러나 여기서 나는 주석을 덧붙이거나 질문을 던지길 그만두고 그에게 감사를 표하고 싶습니다. 그의 사유와 우정, 신뢰, "선함"(나는 이 "선함"이라는 말에 『전체성과 무한』의 결론 부분의 모든 함의[16]를 담으려고 하였습니다)은 다른 사람들에게도 그렇지만, 저에게도 역시 생생한 원천이 될 것입니다. 너무도 생생하고 너무도 지속적이어서, 내가 오늘 그에게 혹은 내게 일어난 것을, 즉 이 중단을, 내가 살아 있을 동안 내게는 결코 끝나지 않을 응답 가운데의 어떤 비-응답을 생각하는 데 이르지 못할 정도로 말이지요.

비-응답. 여러분은 아마 1975~76년(딱 20년 전이군요)에 이루어진, "죽음과 시간"에 대한 그의 놀라운 강의[17]를 알고 계실 겁니다. 거기서 그는 죽음을 시간의 인내라고 정의하지요.[18]

---

16 E. Lévinas, *Totalité et Infini*, pp. 281~283 참조.

17 레비나스가 소르본 대학(파리 4대학)에서 1975/76년 학기 동안 행한 두 강좌 중 하나를 가리킨다. 이 강의는 1991년 "죽음과 시간"이라는 이름으로, "에마뉘엘 레비나스"라는 부제가 달린 *Cahiers de l'Herne* 60호에 처음 실렸다가(pp. 21~75), 1993년에(같은 해 이루어진 "신과 존재-신-학"이라는 강의와 함께) E. Lévinas, *Dieu, la mort et le temps*(Paris, Grasset)이라는 책자로 출판되었다(번역본: 『신, 죽음 그리고 시간』, 김도형 외 옮김, 그린비, 2013 — 옮긴이).

18 "시간의 지속이 주는 의미작용·signification은 아마 존재-무의 쌍에 의거할 수 없을 것이다(존재-무의 쌍은 유의미한 것의 궁극적 전거로 여겨진다. 즉 모든 감각된 것과 모든 사유된 것, 그리고 모든 인간적인 것의 궁극적 전거로 여겨진다). 시간의 지속 속에서 죽음은 시간의 모든 인내가 귀착하는 한 지점이다. 이 기다림은 기다림의 지향을 거부한다. 속담에 들어 있는 '인내와 시간의 길이'라는 표현은

또한 플라톤에 대해, 헤겔에 대해, 그리고 무엇보다 하이데거에 대해 멋지고 훌륭하게 비판적 설명을 개진합니다. 레비나스는 이 강의에서 여러 번에 걸쳐 죽음을 정의합니다. "타인의 얼굴 속에서" "우리가 마주치는"[19] 죽음, **무-응답**으로서의 죽음.[20] "죽음은 응답-없음"[21]이라고 그는 말하지요. 다른 곳에서는 또 이렇게 말합니다. "여기에 언제나 애매성을 갖는 종말이 있다. 그것은 복귀 없는 떠남, 사망이지만, 또한 스캔들('그가 죽었다는 게 있을 수 있는 일이야?'), 즉 무-응답과 내 책임의 스캔들이기도 하다."[22]

죽음, 그것은 먼저 무화無化; aneantissement나 비-존재, 또는 무이기 이전에 일종의 경험, 살아남은 자가 겪는 "응답-없음"의 경험입니다. 이미 『전체성과 무한』은 죽음을 "무로의 이행"으로 보거나 "다른 실존으로의 이행"으로 보는 "철학적이고 종

인내가 수동성의 강조임을 말해준다. 여기에서 이 강의의 지침이 나온다. 시간의 인내로서의 죽음"(같은 책, p. 16[번역본: p. 17]).

19 같은 책, p. 122(번역본: p. 158). "우리는 타인의 얼굴에서 죽음을 만난다."

20 같은 책, p. 17(번역본: p. 19). "죽음이란 존재들을 살아 있는 것으로 나타나게 하는 이러한 표현적 운동들이—언제나 응답/반응réponse인 이 운동들이—존재들 속에서 사라지는 것이다. 죽음이 건드리는 것은 무엇보다 운동들의 이러한 자율성 또는 표현성이다. 이 표현성은 어떤 이를 그 얼굴 속에서 포괄하는 데까지 나아간다. 죽음은 응답/반응 없음sans-réponse이다."

21 같은 책, p. 20(번역본: p. 23). "죽음은 회복할 수 없는 간격이다. 생물학적 운동들은 의미작용과 표현에 대한 모든 의존성을 상실한다. 죽음은 분해다. 그것은 응답-없음이다."

22 같은 책, p. 47(번역본: p. 60).

아듀 레비나스

교적인"[23] 전통적 해석을 의문시합니다. 죽음을 무와 동일시하는 것은 카인과 같은 살인자가 바랄 법한 일이지요. 레비나스는 카인이 "죽음을 이렇게 알고 있었음에 틀림없다"[24]고 말합니다. 그러나 이 무는 이제 "일종의 불가능성"으로서, 또는 더 정확히 말해 금지로서 제시됩니다.[25] 타인의 얼굴은 내게 살해를 금지시킵니다. 타인의 얼굴은 내게 말하지요. "죽이지 말라."[26] 비록 이 살해의 가능성은, 그 가능성을 불가능하게 만드

23 "온갖 철학적이고 종교적인 전통 속에서 죽음은 무로의 이행이라거나 새로운 장식 속에서 연장되는 다른 실존으로의 이행이라고 해석된다"(E. Lévinas, *Totalité et Infini*, p. 208).

24 같은 책, p. 209를 보라. "우리가 무로서의 죽음에 더 심오하게 그리고 어떤 선험적인 방식으로 접근하는 것은 살해의 열정 속에서다. 이 열정의 자발적 지향은 무화를 노린다. 카인이 아벨을 살해했을 때, 그는 죽음에 대하여 바로 이러한 앎을 가지고 있었음에 틀림없다. 죽음을 무와 동일시하는 것은 살해를 통해 타자를 죽이는 데 적합하다."

25 같은 곳. "죽음을 무와 동일시하는 것은 살해를 통해 타자를 죽이는 데 적합하다. 그런데 거기서 나타나는 무는 동시에 일종의 불가능성으로 나타난다. 사실 내 도덕적 의식 바깥에서는 타인이 자신을 타인으로 나타낼 수 없을 것이다. 타인의 얼굴은 내가 무화시키는 것이 도덕적으로 불가능함을 표현한다. 금지는 물론 순수하고 단순한 불가능성과 같은 것이 아니다. 금지는 스스로가 금지하는 바로 그 가능성을 전제한다. 사실은, 금지가 가능성을 전제하는 것이 아니라, 금지 자신이 이미 그 가능성 속에 놓여 있다. 금지는 사후에 거기에 덧붙여지는 것이 아니다. 그것은 내가 없애고자 하는 눈의 깊은 곳에서, 마치 무덤 속에서 카인을 응시하는 눈처럼 나를 응시한다."

26 E. Lévinas, *Dieu, la mort et le temps*, p. 123(번역본: p. 159) 참조. "죽음이 이웃의 근접성 속에서 제기하는 문제, 역설적으로 보일지 모르지만, 그의 죽음에 대한 나의 책임이라는 문제가 부각된다. 죽음은 타인의 얼굴에서 열린다. 그 얼

는 금지가 전제하는 것으로 남아 있지만요. 응답 없는 이 문제, 응답-없음의 이 문제는 그러므로, 파생 가능하지-않은, 가장 중요한 문제일 겁니다. 살해의 금지로서 말이지요. 이 문제는 "존재하느냐 존재하지 않느냐"[27]의 양자택일보다 더 근원적입니다. 그러니까, 존재하느냐 아니냐의 문제는 최초의 문제나 궁극적 문제가 아니지요. 레비나스는 다른 글에서 이렇게 결론 짓습니다. "존재하느냐 존재하지 않느냐, 그것은 진정한 문제가 아닐 것이다."[28]

그래서 오늘 나는, 우리의 한없는 슬픔이 애도 속에서 무로 향하지 않도록, 다시 말해 잠재적일지라도 또다시 살해의 죄의식 속에 놓이지 않도록 해야 한다고 말하고 싶습니다. 물론 레비나스는 살아남은 자의 죄의식에 대해 말하지요. 그러나 그것은 잘못이 없고 빚이 없는 죄의식입니다. 그것은 사실, **맡겨진 책임**이지요. 죽음이 절대적 예외[29]로 남아 있는 순간, 견줄

굴은 '죽이지 말라'는 명령의 표현이다."

27 같은 책, p. 23(번역본: p. 27) 참조. "죽음은 치유인 동시에 무능이다. 이 같은 애매성은, 죽음을 존재하느냐 존재하지 않느냐의 양자택일 속에서 사유하는 의미의 차원과는 다른 의미의 차원을 지시한다. 애매성, 즉 수수께끼."

28 E. Lévinas, "La mauvaise conscience et l'inexorable", in *Exercices de la patience*, p. 113을 보라.

29 레비나스는 죽음을 다음과 같이 "예-외ex-ception"로 정의한다. "타인의 죽음과 맺는 관계는 타인의 죽음에 대한 앎이 아니다. 또 (사람들이 으레 생각하듯이, 타인의 죽음이라는 사건이 타인의 무화로 귀착하는 것이라 해도) 존재를 무화하는 그 방식 자체 속에서 이 죽음을 경험하는 것도 아니다. 이 예-외적 관계에 대한 앎

아듀 레비나스

바 없는 감정의 순간 속에서 맡겨진 책임입니다. 제가 이 자리에서 여러분과 공유하며 느끼는 이 전례 없는 감정, 부끄러움때문에 내보일 수 없는 이 감정을 이야기하기 위해, 개인적인속내를 털어놓거나 내보이지 않고 이 독특한 감정이 맡겨진 책임, 유산遺産으로서 맡겨진 책임과 어떻게 연결되어 있는지를분명히 하기 위해, 여기서 다시 레비나스의 말을 빌려오는 것을 허락해주시길 바랍니다. 오늘 나는 레비나스가 "첫째가는죽음"인 "타자의 죽음"에 대해 말하는 그 목소리가 무척이나듣고 싶습니다. "나는 타자가 죽을 수밖에 없다는 점에서 그에게 책임이 있다"[30]고 말하는 그 목소리가요. 또는 1975~76년의 강의에서 이렇게 말하는 레비나스의 목소리가 말입니다.

얼핏 본다면 그렇게 보일지도 모르겠지만, 어떤 이의 죽음은 경험적 사실성(귀납적 추론만이 그 보편성을 제시할 수 있는 경험적 사태로서의 죽음)이 아니다. 어떤 이의 죽음은 이러한 겉모습속에서 다 드러나지 않는다.

벌거벗음—얼굴—속에서 자신을 표현하는 어떤 이는 나에게

은 존재하지 않는다(예-외ex-ception란 붙잡아 해당 계열 외부에 놓는다는 뜻이다)"(E. Lévinas, *Dieu, la mort et le temps*, p. 25[번역본: p. 30]).

30 같은 책, p. 54(번역본: p. 68) 참조. "타자의 죽음에 대해 내가 지는 책임은 타자의 죽음에 나를 끌어넣을 지경에까지 이른다. 이 점은 다음과 같은 매우 수긍할만한 명제 속에 드러나 있는 것 같다. '나는 타자가 죽을 수밖에 없다는 점에서 그에게 책임이 있다.' 타자의 죽음, 그것이 여기서는 첫째가는 죽음이다."

호소한다는 점에서, 나의 책임하에 놓인다는 점에서 유일한 자이다. 지금 그리고 이미 나는 그에게 응답을 해야 한다. 타인의 모든 몸짓은 나에게 전달된 신호들이었다. 위의 이야기를 단계에 따라 다시 언급해보자면, 타인은 자신을 드러내고, 표현하며, 연관시키고, **나에게 맡겨진다.** 자신을 표현하는 타인은 나에게 맡겨진다(그렇다고 타인에 대한 빚이 있다는 것은 아니다. 왜냐하면 그 채무는 갚을 수 없는 것이기 때문이다. 우리는 결코 거기에서 면제될 수 없다). [나중에는 "모든 빚 너머의 의무"가 중요한 문제가 되지요. 이 의무를 지는 자아는 오직 스스로의 대체 불가능성에 의해서만 그 자신일 수 있습니다. 독특하고 식별 가능한 자아일 수 있는 것이지요. 그렇지만 거기서 "타인을 위한 책임", 곧 "볼모의 책임"은 대신함의 경험이 되며[31] 희생의 경험이 됩니다.] 타인은 내가 그에 대해 지는 책임 속에서 나를 개체로 만든다. 죽어가는 타인의 죽음은, 책임이 있는 나라는 나의 정체성 자체 속에서 내게 영향을 미치며 [……] 형언할 수 없는 책임을 이룬다. 타인의 죽음에 따른 나의 정감情感, 그것이 바로 그의 죽음과 맺는 나의 관계이다. 나와의 관계 속에서 그것은 더 이상 응답할 수 없는 어떤 이에 대한 공경恭敬이며, 이미 유죄성이다. 다

---

31 같은 책, p. 199(번역본: p. 260) 참조. "타인에 대한 이 책임은 타자를-위한-일자라는 구조를 이루며, 타자의 볼모에까지 이른다. 이 볼모는 모든 자기 회귀에 앞서, 대체될 수 없는 자로 부름을 받았다는 자기 정체성을 지닌다. 자기-자신의 방식인 타자를 위함, 타인을 대신함으로까지 나아가는 타자를 위함."

아듀 레비나스

시 말하자면 살아남은 자의 유죄성인 것이다.[32]

그리고 조금 뒤에서 이렇게 이야기합니다.

죽음이 존재나 무와 관련해 어떤 의미를 갖든지 간에, 죽음은 하나의 예외이다. 죽음의 이 예-외가 죽음에 그 깊이를 준다. 죽음과 맺는 관계는 그 예-외 속에서 봄도 아니고 겨눠진 것도 아니다(플라톤에서처럼 존재를 보는voir 것도 아니고, 하이데거에서처럼 무를 겨누는viser 것도 아니다). 그것은 순수하게 감정적인 관계다. 그것은 하나의 감정으로 우리의 마음을 움직이지만, 그 감정은 어떤 앞선 지식이 우리의 감성과 지성에 반향反響함으로써 이뤄지는 것은 아니다. 죽음의 예-외 속에서 죽음과 맺는 관계는 **미지의** 것 속에서의 감정이고, 운동이고, 불안정이다.[33]

"미지의"가 강조되어 있습니다. "미지의"는 인식의 부정적 한계를 말하고 있는 것이 아닙니다. 이 비-지식은 낯선이의 초월에 대한, 타자의 무한한 거리에 대한 환대 또는 우애의 요소지요. 모리스 블랑쇼는 「미지의 것에 대한 인식」이라는 에세이[34]

---

32 같은 책, p. 21(번역본: p. 25).

33 같은 책, pp. 25~26(번역본: pp. 30~31).

34 여기서 말하는 글은 *Nouvelle revue française*라는 잡지 108호(1961년, pp. 1081~1095)에 처음 실렸고, 1969년에 나온 *L'Entretien infini*(Paris,

의 제목에 이 "미지의"라는 단어를 사용했습니다. 그는 이 글을 1923년 스트라스부르에서 만난 이후로 줄곧 친구로 지냈던 레비나스에게, 그와의 우정에 헌정했습니다.

모리스 블랑쇼와 에마뉘엘 레비나스 사이의 **우정**, 절대적인 충실성을 띠고 있었고 사상적 우정의 모범이 되었던 그 우정은, 우리들 대부분에게는 분명 은총과도 같았습니다. 내게는 확실히 그랬지요. 그 우정은 그 시절의 축복으로 남았습니다. 또한 여러 의미에서, 그들의 우정은 레비나스나 블랑쇼의 친구가 되는 대단한 특권을 누렸던 이들에게도 축복이나 마찬가지였습니다. 1968년 어느 날 내가 운 좋게도 그들과 함께 있다가 들었던 것을, 블랑쇼가 레비나스에 대해 또 레비나스와 더불어 말했던 것을 오늘 여기서 다시 들을 수 있도록 다음의 몇 줄을 인용하려고 합니다. 블랑쇼는 타자로부터 우리를 유괴하는 것을 거명하고 난 뒤에, 즉 특정한 "유괴rapt"[35](이 단어는 레비나

Gallimard, pp. 70~83)에 다시 실렸다.

35 같은 책, p. 72를 보라. "[……] 덧붙여 이렇게 말하고 싶군요. 만일 우리가 이 인식 불가능한 것과 더불어 시작할 수 있다면, 그것은 바로 공포나 불안 또는 황홀경의 운동 속에서입니다. 당신이 철학적이지 않다고 거부한 그 운동들 말이지요. 거기서 우리는 타자에 대한 어떤 예감을 갖습니다. 타자는 우리를 움켜잡고 우리를 뒤흔들며 우리를 유괴하고 우리를 우리 자신에게서 빼앗아가지요―그러나 그것은 바로 우리를 타자로 변화시키기 위해서입니다. 만일 인식을 통해, 그것이 변증법적 인식이거나 온갖 매개에 의한 인식이라 하더라도, 주체가 객체를 전유하고 동일자가 타자를 전유하여, 결국 미지의 것이 이미 알고 있는 것으로 환원된다 해도, 두려움의 유괴 속에는 더 나쁜 어떤 것이 있게 됩니다. 상실되는 것은 자아이기 때

스가 죽음을 이야기하기 위해 종종 쓰는 말이지요[36])를 거론하고 난 뒤에 이렇게 말합니다.

> 그렇다고 철학에 실망할 필요는 없다고 봅니다. 에마뉘엘 레비나스의 책[『전체성과 무한』]은, 저는 이 책이 아주 진지한 태도로 우리 시대에 결코 말해진 바 없는 발언을 하고 있다고 생각하는데요, 우리의 사유 방식을, 그리고 존재론에 대한 우리의 손쉬운 숭배를 문제 삼고 있습니다. 이것에 의해, 우리는 철학의 본질적인 면에 책임을 지도록 부름 받고 있어요. 철학에 고유한 모든 광채와 무한한 요구 속에서, 다름 아닌 타자라는 관념을, 다시 말해 타인과의 관계를 받아들이는 가운데 말이죠. 바로 여기에 철학의 새로운 출발점이, 또 철학과 우리 자신을 북돋아 성취하도록 해야 할 어떤 도약이 있다는 것이지요.[37]

만일 타자에 대한 관계가 무한한 분리를, 얼굴이 출현하는 무한한 중단을 전제한다면, 또 다른 중단이 죽음으로 다가와

문이지요. 또 동일자가 변경되기 때문입니다. 나와 다른 타자로 수치스럽게 변형되는 것이지요."

36 E. Lévinas, *Dieu, la mort et le temps*, p. 134(번역본: p. 174) 참조. "나의 죽을 수밖에 없음, 나의 죽음의 선고, 죽는 순간의 나의 시간, 나의 죽음은 불가능성의 가능성이 아니라 순수한 유괴다. 이런 것들이 이루는 이 부조리함이 타인을 위한 내 책임의 대가 없음을 가능하게 한다."

37 Maurice Blanchot, *L'Entretien infini*, pp. 73~74.

또다시 무한하게 이 첫번째 분리를 깊어지게 할 때는, 즉 중단 자체의 심장을 찢어내는 중단이 생겨날 때는, 어떤 일이 일어나는 걸까요? 그 일은 어디에서 또 누구에게 일어나는 것일까요? 여러분 가운데 몇몇 분들도 분명 그러실 거라고 생각합니다만, 저는 중단이라는 말을 들으면, 제가 레비나스에게서 감지했던 중단에 대한 불안을 떠올리지 않을 수 없습니다. 예를 들면, 그는 전화 통화를 하다가 매 순간 단절과 침묵 또는 소멸을, 타자의 "응답-없음"을 걱정하는 것처럼 보였습니다. 그는 문장들을 말하는 사이에 또 때로는 문장 중간에서도 곧바로 "여보세요, 여보세요"라고 상대방을 다시 부르곤 했지요.

우리가 살아 있다고 알아온 사상가, 우리가 읽고 거듭 읽어온 위대한 사상가가 침묵한다면 어떻게 될까요? 우리는 그의 말을 들어왔고, 여전히 응답을 기다리고 있었지요. 그 응답이 우리가 다르게 생각하도록 도와주어야 할 뿐만 아니라, 우리가 그의 서명署名 아래서 이미 읽고 있다고 믿어왔던 것을 읽는 데 도움을 주어야 한다고 여기면서요. 그것은 모든 것을 예비하고 있었고, 우리가 거기서 이미 인식했다고 믿은 것보다 더 많은 것을 담고 있었습니다.

나는 이제까지의 경험으로, 에마뉘엘 레비나스가, 원천으로서의 그 사유들이, 내게 끝날 수 없는 것으로 남아 있게 될 것임을 알고 있습니다. 이를테면, 레비나스의 사유들이 내게 새로운 시작을 가져다준 이래, 나는 끊임없이 그 사유들과 더불

아듀 레비나스

어 사유하기 시작할 것이며, 재-시작할 것입니다. 어떤 주제에
대해서건, 나는 다시 그리고 또다시, 이 사유들을 재발견하게
될 거예요. 레비나스를 읽고 다시 읽을 때마다, 나는 감사와 감
탄으로 눈이 부십니다. 경탄을 금치 못할 수밖에 없는 것은 어
떤 강제 때문이 아니라, 의무를 지우는 너무나 온화한 힘 때문
입니다. 타자에 대한 존중 속에서 사유의 공간을 달리 구부러
지게 할 뿐 아니라, 우리로 하여금 전적인 타자와 관계하게 하
는 이 이질적인[38] 다른 구부러짐을 받아들이게 합니다(그는 이
것을 정의라고, 아주 힘차고 놀라운 타원 안의 어떤 부분이라
고 말합니다. 타자에 대한 관계, 그것을 그는 정의라고 말하는
것이지요[39]). 이것은 법에 의해, 그러니까 전적인 타자의 무한
한 다른 우선권을 받아들이도록 요청하는 법에 의해 이루어집

38   E. Lévinas, *Totalité et Infini*, pp. 59~60 참조. "타인은 내가 그를 발견해내
는 시선과 비교할 수 없는 시선으로 나를 잰다. 타인이 놓이는 높이의 차원은 말하
자면 존재의 첫째가는 만곡彎曲인데, 바로 거기서 타인의 특권이, 즉 초월의 굴곡이
기인하는 것이다. 타인은 형이상학적이다. [……] 타인과의 관계는 인식이 그러하
듯 향유와 소유로, 자유로 바뀌지 않는다. 타인은 이 자유를 지배하는 요구로서, 따
라서 내 안에서 일어나는 모든 것들보다 더 근원적인 것으로서 그 자신을 부과한
다. [……] 타인의 현존——특권적 타율성——은 자유와 충돌하지 않고 오히려 자유
를 서임한다."
39   같은 책, p. 62 참조. "타인을 맞아들임——이 말은 능동성과 수동성의 동시성
을 표현해준다. 이것은 타자와의 관계를 사물들에 유효한 이분법인 선험적인 것l'a
priori과 후험적인 것l'a posteriori, 능동성과 수동성의 이분법 바깥에 놓는다. 그러
나 우리는 또한 주제화와 동일시되는 앎에서 출발하여 어떻게 이러한 앎의 진리가
타인과 맺는 관계로, 다시 말해 정의로 귀착되는지를 보여주려고 한다."

니다.

이러한 요청은, 밀레니엄 말미의 너무나 강력하고도 확고한 사상들을 신중하게, 그러나 돌이킬 수 없게 흐트러뜨리게 될 것입니다. 레비나스가 벌써 65년 전에 프랑스에 소개한, 후설과 하이데거의 사상을 필두로 해서 말이지요. 레비나스는 이 나라의 환대를 사랑했습니다(그리고 『전체성과 무한』은 "언어의 본질은 선함"임을 논증할 뿐 아니라, "언어의 본질이 우정이고 환대"[40]라는 것을 또한 논증하고 있지요). 이 "환대하는" 프랑스는 레비나스에게 빚을 지고 있어요. 너무나도 많은 여러 가지 것들이 있지만, 빛나는 많은 다른 것들 가운데서 두 가지의 침입적 사건만을 이야기하는 것입니다. 그 최초의 두 행위는 이 땅의 풍경을 변화시킨 뒤 우리 철학 문화의 일부로 통합되어버렸기 때문에, 오늘날 이를 헤아려보는 것은 쉽지 않습니다.

간추려 말해보겠습니다. 먼저, 1930년부터 레비나스의 번역

---

40 같은 책, p. 282. "존재를 욕망으로 또 선함으로 정립하는 것은, 먼저 하나의 자아를 고립시키고 그다음에 이 자아가 어떤 너머를 향하게 하는 것이 아니다. 그 것은, 내부로부터 스스로를 포착함—스스로를 나로 생산함—이, 이미 밖을 향해 있는 바로 그 몸짓에 의해 스스로를 포착하는 것임을 긍정하는 것이다. 이 몸짓은 밖으로-흘러나가 드러내기 위한, 자신이 포착한 것에 응답하기 위한 몸짓이다. 즉 표현하기 위한 몸짓이다. 존재를 욕망으로 또 선함으로 정립하는 것은 의식의 포획이 이미 언어임을, 언어의 본질은 선함임을, 또한 언어의 본질이 우정이고 환대임을 긍정하는 것이다."

을 통해, 또 그의 해석적 강의를 통해 이루어진 최초의 열림이 있었지요. 후설 현상학이 그렇게 도입되었습니다. 이 현상학은 나름으로 프랑스 철학의 흐름들에 물길을 내고 그 흐름을 풍부하게 해주었습니다. 다음으로, 사실은 동시적인데요, 하이데거의 사유에 대한 열림이 있었습니다. 하이데거의 사상은 무척 많은 프랑스 철학자들, 교수들, 학생들의 계보에 적지 않은 영향을 미쳤지요. 후설과 하이데거가 같은 시기에, 1930년 이후로 도입된 것이지요.

나는 어제저녁 이 비범한 책[41]의 몇 페이지를 다시 읽고 싶어졌습니다. 이전의 많은 사람들에게 그랬듯이, 이 저술은 내게도 최초의 그리고 최상의 안내서였지요. 나는 거기서 신기원을 이룬 문장들을, 또 레비나스의 도움으로 우리가 어떤 길을 통과해 갔는지를 알 수 있게 해주는 문장들을 골라보았습니다. 1930년에 스물세 살의 젊은 청년은 「서문」에서 이렇게 말했습니다. 나는 미소를 띠고, 그에게 미소를 보내며, 이 대목을 읽었지요. "프랑스에서는 현상학이 아직 모두에게 잘 알려진 이론이 아닌 탓에, 이 책을 쓰는 일은 상당히 곤혹스러웠다."[42]

---

41 E. Lévinas, *Théorie de l'intuition dans la phénoménologie de Husserl*(Paris, Vrin, 1930)을 가리킨다. 1930년에 박사학위 논문으로 발표되었다(번역본: 에마뉘엘 레비나스, 『후설 현상학에서의 직관이론』, 김동규 옮김, 그린비, 2014—옮긴이).

42 같은 책, p. 7.

그는 이렇게도 말하지요. "매우 강력하고 아주 독창적인 하이데거 씨의 철학"[43]이 "이 책에 영향을 주고 있음을 사람들은 때때로 알아차리게 될 것이다."[44] 이 책은 또 다음의 대목을 상기시킵니다. 인용해보지요. "여기서 초월론적 현상학이 제기하는 문제는, 하이데거가 그 용어에 부여한 매우 특별한 의미에서의 존재론적 문제를 향하고 있다."[45]

우리가 레비나스에게 빚지고 있는 두번째 사건, 즉 두번째의 철학적 진동은, 행복한 외상外傷; traumatisme이라고까지 말할 법합니다(레비나스가 즐겨 환기했던 "외상"이라는 말의 의미에서, 즉 타인으로부터 오는 "타자의 외상"[46]이라는 뜻으로요). 레비나스는 내가 방금 언급한 사상가들과, 데카르트, 칸트, 키에르케고르와 같은 또 다른 철학자들, 또 도스토예프스키, 카프카, 프루스트 등등을 깊이 있게 읽고 재해석하면서, 그의 저작들과 강의, 강연들을 통해(동방 이스라엘 사범학교, 철학학교Collège philosophique, 프와티에 대학, 낭테르 대학, 소르본 대학에서) 자신의 목소리를 들려주면서, 현상학 또는 존재론의 축을, 궤적을, 또는 그 질서 자체를 이동시켰어요. 천천히,

---

43 같은 책, p. 15.
44 같은 책, p. 14.
45 같은 책, p. 15.
46 예를 들어 E. Lévinas, *Dieu, la mort et le temps*, p. 133(번역본: p. 173) 참조. "어떻든 타자의 외상은 타인으로부터 오는 것이 아닌가?"

그러나 단호하고 단순한 요구에 맞추어 변화시켜나갔지요. 그
자신이 1930년부터 프랑스에 소개한 현상학과 존재론을 말이
지요. 레비나스는 이렇게 해서 사상의 풍경 없는 풍경을 다시
한 번 더 심하게 흔들어버렸습니다. 그는 이 일을 이렇다 할 논
쟁 없이 훌륭하게 해냈습니다. 내면으로부터, 충실하게, 그리고
동시에 아주 멀리서부터, 전혀 다른 장소를 증언함에 따라 말
입니다. 나는 믿습니다. 여기서, 즉 이 두번째 항해에서, 첫번째
보다 훨씬 높은 곳으로 데려다주는 이 두번째 시간에서 생산
된 것이, 신중하지만 돌이킬 수 없는 변화라는 것을요. 그것은
역사상, 2천 년 넘는 세월 이래 지워질 수 없는 자취를 남기게
될, 강력하고 독특하며 희귀한 도발 가운데 하나입니다. 그 자
취가 새겨지는 공간과 신체는, 많든 적든, 유대 사상과 그 타자
들, 즉 그리스에 조상을 둔 철학들 사이의 단순한 대화와는 분
명히 다른 어떤 것이지요. 또는 "제가 여기 있습니다"[47]의 특정

---

47 무엇보다 우리는 데리다의 텍스트("En ce moment même dans cet ouvrage
me voici", *Textes pour Emmanuel Lévinas*, pp. 21~60)가 이 표현에 대한, 특
정한 방식의, 광범위한 주석으로 여겨질 수 있다는 점을 강조하고 싶다. 그 텍스트
는 이 표현을 사용하고 있고 레비나스적으로 해석하고 있음과 동시에, 데리다 고
유의 비판적 관점을 제시하고 있다는 점에서 그렇다. 한편, 레비나스는 『존재와 달
리 또는 존재성을 넘어*Autrement qu'être ou au-delà de l'essence*』의 한 주석
(Martinus Nijhoff, La Haye, 1978, p. 186)에서 「이사야서」 6장 8절("나는 여호
와의 음성을 들었다. 내가 누구를 보낼까? / 누가 우리를 위해 갈 것인가? 내가 아
뢰었다. 제가 여기 있습니다! 저를 보내세요!"[trans. André Chouraqui])을 명시
적으로 가리키고 있다. 70인 역 그리스어 성서에는 히브리어 hineni가 그리스어

한 전통 속에서라 해도, 아브라함의 다른 일신론들과의 단순한 대화와는 다른 것입니다. 그것은 일어났습니다. 이 변화, 그것은 그에 의해, 에마뉘엘 레비나스에 의해 일어났지요. 나는 그가 이 막대한 책임을 의식하고 있었다고 생각합니다. 명료하고 확신에 찬 동시에 조용하고 겸손한 의식을, 예언자의 의식과도 같은 의식을 그는 가지고 있었지요.

이 변화의 물결이 가져온 역사적 충격을 잘 보여주는 것 가운데 하나가 이 사상이 철학 너머에 미친 영향입니다. 그것은 유대 사상마저 넘어, 예를 들면, 기독교 신학계에까지 영향을 미쳤습니다. 어느 날 유대인 학자들의 한 학회에서 있었던 일

---

idou egô로 번역되어 있다(이것을 단어 대 단어로 옮기면 프랑스어 voici moi[제가 여기 있습니다]에 해당한다). 그런데 이 그리스어에서 인칭대명사는 주격이다. 타인에 대한 책임과 관련하여 주격 대명사 je가 대격 moi에 대해 갖는 의미를 레비나스는 『존재와 달리 또는 존재성을 넘어』(pp. 180~181)에서 이렇게 설명하고 있다. "책임 속의 주체는 그 정체성의 가장 깊은 곳에서, 그 정체성의 동일자를 비우지 못하고 거기에 동일자를 강제하는 소외로부터 멀어진다. 그 주체는, 부정할 수 없는 소환으로 말미암아, 누구도 대체할 수 없을 사람으로 그 자리에 자신을 강제한다. 개념 밖의 단일성, 광기의 씨앗으로서의 심성, 이미 정신병인 심성, 하나의 자아가 아니라 소환받은 나인 심성. 태만하지 않고서는 스스로를 대체하는 것이 불가능한 가운데 책임의 응답을 위한 동일성으로의 소환. 느슨함 없이 팽팽한 이 명령에 대해서는 '내[제]가 여기 있습니다'라는 응답만이 가능하다. 여기서 '나'라는 대명사는 대격이 된다. 이 대격은 모든 어미 변화에 앞서 변화한, 타자에 의해 소유된, 병이 든, 동일적인 것이다. 내가 여기 있습니다―이것은 아름다운 말의 선물이나 노래의 선물이 아닌 영감/불어넣음의 말함이다. 그것은 증여함으로, 가득 찬 손으로, 결국 물질성으로 내모는 강제다."

이 기억나는군요. 그때 우리 둘은 앙드레 네어André Neher의 강연을 듣고 있었는데, 레비나스가 아이러니를 담은 부드럽고 친숙한 목소리로 내게 은밀히 속삭였어요. "보세요, 저 친군 유대인 프로테스탄트예요. 나로 말하면, 가톨릭이고요." 오랫동안, 그리고 진지하게 생각해볼 만한 농담이었지요.

레비나스에 의해, 레비나스 덕택에 우리는, 의심할 바 없이 여기서 일어난 것을, 살아 있으면서, 살아 있는 그로부터 맡겨진 책임으로서 받아들일 기회를 가졌습니다. 그러나 그뿐이 아니지요. 우리는 또한 그것을 가벼워지고 무고無辜해진 빚으로 레비나스에게 되갚을 기회를 가지고 있습니다. 언젠가 레비나스는 죽음에 대한 자신의 탐구와 관련하여, 또 그 탐구가 하이데거와 분리됨과 동시에 하이데거에게 빚지고 있는 것과 관련하여, 이렇게 썼던 적이 있어요. "그러므로 이 연구는 모든 오늘의 연구자가 하이데거에게 진 빚—종종 어쩔 수 없이 진 빚—이 무엇이든지 간에 하이데거의 사상과 구별된다."[48] 물론, 레비나스에게 우리가 진 빚의 기회란, 우리가 스스로 그 빚을 떠맡고 그 빚을 긍정할 수 있다는 것을 뜻합니다. 레비나스 덕택에, 후회 없이, 찬탄의 즐거운 무고함 속에서 말이지요. 그 기회는 내가 앞서 얘기했던 무조건적 예의 질서에서 비롯합니다. 또 그것은 이 질서에 "예"라고 대답하지요. 후회스러운 일

---

48   E. Lévinas, *Dieu, la mort et le temps*, p. 16(번역본: p. 17).

은, 내가 지금 후회하는 일은, 레비나스에게 충분히 이 말을 하지 못했다는 것입니다. 30여 년이라는 긴 시간 동안, 나는 그 무조건적 예를 결코 충분히 보여주지 못했어요. 그 세월 동안, 우리는 서로, 수줍은 침묵 속에서, 간단하고 신중했던 대담을 통해서, 매우 간접적이거나 유보적이었던 글들을 통해서, 내가 질문이라고도 응답이라고도 부를 수 없을 어떤 것을 때로 주고받았지요. 또다시 레비나스의 어휘를 사용하자면, 그것은 일종의 "질문, 기도"였습니다. 이 질문-기도에 대해 레비나스는 그것이 여전히 대화에 앞설 것이라고 얘기했지요.[49]

이 질문-기도가 나를 레비나스에게로 돌려세웁니다. 그것은 아마, 내가 처음에 말했던 이 아-듀의 경험에 이미 참여하고 있었을 겁니다. 아-듀라는 인사는 끝을 의미하지 않습니다. "아-듀는 어떤 목적성이 아니"라고 레비나스는 말하지요. "궁극적인 것이 아닌" 이 "존재와 무의 양자택일"을 거부하면서요. 아-듀는 존재 너머의 타자에게 인사를 건넵니다. "존재 너머에서 영광의 말이 의미하는"[50] 것 속에서요. "아-듀는 존재

---

49 같은 책, p. 134(번역본: pp. 173~174). "이 질문—죽음에 대한 질문— 은 그 자체로 고유한 응답이다. 그것은 타자의 죽음에 대한 나의 책임/응답성이다. 윤리적 평면으로의 이동은 이러한 질문에 대한 응답을 구성하는 것이다. 겨누어질 수도 없고 보이지도 않는 무한을 향한 동일자의 방향 전환, 이것이 **질문**이다. 응답이 기도 한 질문이다. 그러나 이것은 영혼이 그 자신과 나누는 대화가 아니다. 질문, 기도—이것은 대화에 앞서지 않는가?"

50 E. Lévinas, "La mauvaise conscience et l'inexorable", in *Exercices de la*

　　　　　　　　아듀 레비나스

의 과정이 아니다. 그 부름 속에서 나는 이 부름에 의미를 주는 다른 인간에게로, 내가 그를 위해 두려움을 가져야 하는 이웃에게로 돌려보내진다."

그러나 앞서 말했듯이, 나는 레비나스가 아-듀에 대해 우리에게 털어놓은 것을 상기하는 데 그치지 않고, 무엇보다 그에게 "아듀"라고 말하고 싶습니다. 그가 자신의 이름을 말하듯 그를 이름으로 부르면서, 그의 성 아닌 이름을 부르면서 말입니다. 이 순간, 그가 더 이상 응답하지 않는다면, 그것은 또한 그가 우리에게, 우리의 가슴 깊은 곳에서, 그러나 우리에 앞선 우리에게, 우리 앞에서 응답하고 있기 때문입니다──우리를 부르면서, 우리에게 "아-듀"를 일깨우면서.

아듀, 에마뉘엘.

patience, pp. 112~113을 보라. "무한은 종국으로 나아가는 사유를 의미하는 게 아닐 것이며, 아-듀는 어떤 목적성이 아니다. 아마, 이렇게 아-듀를 또는 신에 대한 두려움을 종말론으로 환원할 수 없다는 것이야말로, 존재 너머에서 영광의 말이 의미하는 바일 것이다. 자신을 존재론적으로 고집하는 가운데 존재로 나아가거나 죽음으로 나아가는 의식이 인간적인 것 속에서 중단되는 것은 이 환원 불가능성에 의해서다. 의식은 죽음을 궁극적 사상으로 삼는다. 존재와 무의 양자택일은 궁극적인 것이 아니다."

맞아들임의 말

Le mot d'accueil

환영합니다. 네, 환영합니다.

이것은 에마뉘엘 레비나스 곁에, 레비나스 이후의 이 만남의 문턱에, 그 사유의 흔적 속에, 또 "얼굴과 시나이"라는 이중의 기호 아래 오신 것을 환영하는 말입니다. 그렇습니다, 나는 감히 그렇게 말하겠습니다.

나는 물론 내 이름만으로 그런 모험을 하지는 않습니다. 그 무엇도 내게 그런 권위를 주지 않겠지요.

그렇지만 이와 같은 인사를 건넬 수는 있을 겁니다.

그 인사는 이제 하나에서 다른 하나로, 한 사람에서 다른 사람으로 건너갈 것입니다. 그렇게 자신을 받아들이게 하면서, 그러나 다시 이해하고 해석하게 하면서, 듣거나 묻게 하면서 말입니다. 그것은 항상 의례儀禮를 살피는 주인의 폭력을 거쳐서 그의 길을 찾습니다. 그 위험은 커다란 것이지요. 감히 환영한다고 말한다는 것은, 여기를 자기 집으로 여기고 있다는 것을 암시합니다. 자기 집에 있다는 것이 뜻하는 바를 알아야 하며, 자기 집에서 받아들이고 초대하거나 환대를 제공할 수 있어야 할 겁니다. 그렇게 해서 타자를 **맞아들이기** 위한 자리를 자기 것으로 삼으면서 말이죠. 또는 나쁘게 말하자면, 사람들은 자리를 자기 것으로 삼기 위해, 또 그때 환대의 말을 하기 위해, 거기에 타자를 **맞아들이기**도 하죠. 물론 나는 그럴 생각은 전혀 없습니다. 하지만 이미 내가 그런 사칭을 하고 있는 것은 아닐까 염려하고 있기는 합니다.

왜냐하면 나는 이 학회를 시작하며, 여러분께 "맞아들임 accueil"이라는 말에 대한 반성을, 조촐하면서도 예비적인 반성을 해보도록 하려고 하기 때문입니다. 레비나스가 그 말에 부여한 바로 그 의미에서 말입니다. 레비나스는 그 말을 재창조했다고 할 수 있습니다 ― 저한테는 그렇게 보입니다. 그는 그 자리로 우리를 초대합니다. 다시 말해, "환대"라고 불리는 것을 생각해보도록 하는 것이죠.

내가 "맞아들임"이라는, 너무나도 명예로운 첫번째 발표의 자리를 수락하게 된 데는 몇 가지 이유가 있습니다. 첫째는 철학국제학교와, 이 학교의 역사와 기억, 그리고 나를 그 기억과 관련지어주는 것과 관련이 있습니다. 이 학회를 주최하는 행복을 누리고 있는 이 학교에서 레비나스는 기억에 남을 강연을

아듀 레비나스

했습니다. 그뿐이 아닙니다. 레비나스는 처음부터 이 학교의 설립에 찬성을 했습니다. 1982년 미셸앙주 가街로 레비나스를 찾아갔던 일이 생각나는군요. 당시에 우리는 학교 창립을 준비하고 있었지요. 나는 학교 설립에 대한 조언을 구하고, 동의를 얻고, 또 참여하겠다는 약속까지 받으러 그곳에 갔었어요.

레비나스는 그 모든 것을 해주었습니다. 그는 첫날부터 우리와 함께했습니다. 그의 사유는 이 학교의 많은 철학자, 작가, 친구 들에게 하나의 영감靈感으로, 혹은 하나의 지평으로 남아 있습니다. 학교 내에서도 각종 강의와 세미나의 형태로 무수한 작업들이 그에게 헌정되었습니다. 지속적인 **연구**étude가 이루어졌다고 해야 할 겁니다. 연구라는 말이 지닌 존중할 만한 모든 의미에서, 그 말의 라틴어적 의미에서, 또 그 말로 번역되는 히브리어의 의미에서, 또한 모든 새로운 의미에서 말이죠. 그러므로 이 학교가 레비나스의 사후 1주기를 맞아 여전한 충실함의 표시로, 이 살아 있는 사상 속에서의 연구들을 거두어들이는 이런 계기를 마련한 것은, 사실 당연한 일이었습니다. 현재 이 학교의 책임을 맡고 있는 분들께, 교장이신 프랑수아 줄리앙과, 특히 이 프로그램의 책임자인 다니엘 코헨-레비나스께, 우리 모두를 대표하여, 기대에 응답하는 이 모임을 주최해주신 데 대해 다시 감사를 드립니다.

또한 우리는 파리 대학의 사무국장님께 우리를 이렇게 맞아들여주신 데 대해, 그렇습니다, 이 훌륭하고 영광스러운 가르침의 장소에서 흔쾌히 우리를 맞아들여주신 데 대해 감사의 마음을 전합니다. 바로 여기, 이 리슐리외 강의실에서, 소르본의 한 위대한 교수일 뿐 아니라 스승maître이었던 사상가가 강의를 했었지요.

이 스승은 자신의 가르침을, 그가 가진 가르침에 대한 놀랍고도 난해한 생각과 결코 분리하지 않았습니다. 거기에 따르면, 훌륭한 가르침은 **맞아들임**의 태도 속에서 이루어집니다. 이 맞아들임 속에서는, 출산을 내세우는 철학적 전통을 윤리가 중단시키지요. 산파의 모습 뒤로 스승이 사라져버리는 척하는 스승의 간계가 실패로 돌아가게 됩니다. 우리가 말하는 **연구**는 산파술로 환원되지 않습니다. 산파술은 이미 내가 스스로 할 수 있는 것만을 내게 드러내준다고 레비나스는 말하지요. 제가 오늘 이 자리에서 특별히 다루려고 하는 다른 주제들을 함께 고려해볼 때, 그리고 레비나스는 자주 사용했지만 문헌학자들은 그다지 흥미 없어 하는, "même"이라는 낱말의 의미론적, 어원론적 원천들을 교차시켜볼 때, 우리는 『전체성과 무한』이 산파술이 우리에게 가르쳐주는 것은 아무것도 없다고 말한다고 할 수 있을 겁니다. 그것은 내게 아무것도 계시하지 않습니다. 그것이 들춰내는 것은, **같은 그대로의**à même 내가 이미 **나-스스로**moi-même(ipse) 알아야 하는 것, **나-자신**moi-même으로부터 알 수 있어야 하는 것뿐입니다. 그렇게 들춰지는 것은 **같은**(egomet ipse, medisme, meïsme, metipse의, metipsimus)

것이 **그-자신에게로**_en lui-même_ 능력과 지식을 모으는 이 장소에서, 또 **같은**_même_ 것으로서, 같은 ~할-수-있음_être-à-même-de_으로서 성립하지요. 자신의 고유한 속성 속에서, 자신의 같은_même_ 본질 속에서 말입니다. 앞으로 우리가 다루겠지만, 아마 이렇게 해서 알려진 것이, 전유적인專有的; appropriant 특정한 해석, 그러니까 환대의 정치학일 겁니다. 그것은 맞아들임(**주인**_host_)과 관련되는 것이든 맞아들여짐(**손님**_guest_)과 관련되는 것이든, 주인/손님hôte[1]에 관한 **권력**_pouvoir_의 정치학인 것이죠. 손님hôte에 대한 주인hôte의 권력 말입니다. 방브니스트에 의하면 라틴어 hosti-pet-s는 "손님의 주인"[2]을 뜻합니다. 그는 환대/손님맞이hospitalité와 자기성ipséité을 두 지배적 권력으로 이어주는 연관성을 다루면서 그렇게 설명하지요.

그런데 레비나스에 따르면, 가르침의 맞아들임은 다른 것을 주고 또 받습니다. 나 이상의 것을, 그리고 다른 어떤 사물 이상의 것을 주고받지요. 『전체성과 무한』의 앞부분에는 이런 대목이 있습니다.

대화 속에서 타인에게 접근한다는 것, 그것은 타인의 표현을 기꺼이 **맞아들인다는**[강조는 데리다] 것이다. 타인은 사유가 그 표

---

1 프랑스어 hôte에는 주인이라는 뜻과 손님이라는 뜻이 함께 있다. ─ 옮긴이
2 Emile Benvenist, _Le vocabulaire des institutions indo-européennes_, Minuit, 1969, t. 1, p. 87 이하.

현에서 간취하는 관념을 매 순간 넘어선다. 그러므로 이것은 자아의 능력을 넘어서서 타인으로부터 **받아들인다는**[강조는 레비나스] 것을 뜻한다. 이것이 의미하는 바는 정확히 말해, 무한의 관념을 갖는다는 것이다. 그러나 이것은 또 가르침을 받는다는 것을 의미하기도 한다. 타인과의 관계, 즉 대화는 비-알레르기적 관계며, 윤리적 관계다. 그러나 이렇게 **맞아들인**[강조는 다시 데리다] 대화는 가르침이다. 그러나 그 가르침이 산파술로 귀착하는 것은 아니다. 가르침은 외적인 것으로부터 오며, 내가 포함하는 것보다 더 많은 것을 내게 가져다준다.[3]

내가 이 첫 발언을 하는 과도한 영광을 수락한 또 다른 이유는 ─ 그다지 떳떳하지 못한 이유입니다만 ─ 오늘 이 이름에 어울리는, 그러니까 이 학회와 레비나스에 어울리는 발표를 제대로 준비할 수 있을 것 같지 않았기 때문입니다. 저는 다니엘 코헨-레비나스의 제안대로 첫번째로 발언하는 걸 수락했습니다. 물론 그렇게 해서 내가 진심으로 희망하던 바, 레비나스에 대한 오마주에 참여하기 위해서이기도 했지만, 또 그럼으로

---

3 Emmanuel Lévinas, *Totalité et Infini*, Martinus Nijhoff, 1961, p. 22. 스승에 관한 생각에 대해서, "스승을 맞아들임"과 "타인을 맞아들임"에 대해서는 pp. 73~74와 그 밖의 곳들을 참조. 표현*expression* 개념은 가르침과 "받아들임"의 동일한 논리에 의해 규정된다. "주어진 것을 받아들인다는 것 ─ 이미 그것을 가르침으로 받아들인 것 ─ 은 타인의 표현으로 받아들이는 것이다."

아듀 레비나스

써 가장 빨리 환대의 문턱에서 저를 지우기 위해서이기도 했습니다. 이어서 나는 침묵 속에, 또는 알리바이 속에 머물 수 있기를 바랐습니다—무엇보다 듣기 위해서. 틀림없이 그렇게 하려고 합니다. 하지만 환영에 대한, 또는 환대에 대한 설명이 이렇게 길어지는 것에 대해, 먼저 여러분께 용서를 구하고 싶습니다. 나는 이 강연을, 이런 도입부를 부르는 막연한 명칭인 **개막/개방**ouverture이라는 이름 아래 하고 있습니다.

순서를 바꿔야 합니다. 레비나스는 개방 일반을 환대로부터 또는 맞아들임으로부터 사유하도록 제안합니다—거꾸로는 아닙니다. 그는 단호히 그렇게 합니다. 이 두 낱말, "개방"과 "환대"는 그의 저작에서 결합됨과 동시에 분리되어 있습니다. 그 말들은 미묘한 법칙에 따르지요. 모든 법칙이 그렇듯, 그 법칙은 신중한 해독解讀을 요청합니다.

레비나스의 **이름으로** 이 환대를 어떻게 해석해야 할까요? 어떻게 그런 시도를 해야 할까요? 레비나스의 자리에서 또 그의 이름 안에서 말하는 것이 아니라, 그와 더불어서, 또한 그에게 말하면서 말이지요. 우선 오늘은 그의 말에 귀를 기울여야 합니다. 우리가 있는 바로 이 장소에서 레비나스는 시나이le Sinaï와 얼굴le visage을 그것들의 이름으로 다시 부르기 위해서 "시나이Sinaï"와 "얼굴visage"로 재명명했으니까요. 이 이름들은 지금의 이 만남에 어울리게 조합되었습니다. 하지만 우리는 그것들을 어떻게 이해해야 하는지 알고 있나요? 어떤 언어로인가요? 보통명사로인가요, 아니면 고유명사로인가요? 다른 언어에서 번역된 것으로서일까요? 과거의 성스러운 문서에 따라서인가요, 아니면 미래의 관용어로부터인가요?

이 예비적 성찰의 지평에서 나를 이끌어가는 문제가 있습니다. 결국 나는 몇 개의 전제를 세우고 전거를 드는 것에 만족하면서 그 문제를 유보하게 되겠지요. 이 문제는, 언뜻 보기에는, 환대의 윤리(환대로서의 윤리)와 환대의 법*droit* 또는 **정치** 사이의 관계들에 관련될 겁니다. 후자는 예를 들어, 칸트가 보편적 환대의 조건들이라고 부르는 것의 전통 안에서 찾을 수 있지요. **세계정치의 권리***droit cosmopolitique* 속에 놓인, 즉 "영원한 평화를 위한" 환대의 조건들 말입니다.

이 문제는 근거 형태나 정당성을 정초하는 형태 속에서 그 고전적 형식을 발견할 수 있을 겁니다. 예를 들어 사람들은, 이제 우리가 레비나스의 사유 속에서 분석해보려고 하는 환대의 윤리가, 가족의 거주 차원을 넘어서서 사회적, 민족적, 국가적 또는 민족-국가적 영역에서 권리/법과 정치를 정초할 수 있는지 여부를 물어볼 수 있습니다.

이 문제는 의심의 여지없이 심각하고, 어려우며, 필수적인 문제입니다. 그러나 이미 표준적인 문제이기도 하지요. 그렇지만 우리는 이 문제를 다른 유보적 문제의 층위에 두려고 합니다. 우리가 일종의 **에포케**라고 부를 수 있을 것에 말입니다. 그것

아듀 레비나스

은 무엇일까요?

주어진 것이 없다고 가정하고*concesso non dato* 생각해보자
는 것이죠. 확실한 이행이 존재하지 않는다고 가정해봅시다.
윤리 또는 환대의 제일철학이라는 한편과, 환대의 법 또는 정
치라는 다른 한편 사이에, 어떤 정초의 질서를 따르는, 정초하
는/정초된 위계에 의한, 원리적 원본성/파생에 의한,[4] 그런 확
실한 이행은 존재하지 않는다고 생각해보자는 것이지요. 환대
에 대한 레비나스의 윤리적 담론으로부터 법과 정치를 끌어낼
수 없다고 가정해봅시다. 우리와의 거리가 가깝든 멀든 간에
(파리의 성 베르나르 성당을 이스라엘로부터, 구 유고슬라비아
로부터, 자이레나 르완다로부터 분리시키는 거리를 측정할 수
있다고 한번 상상해보세요),[5] 오늘의 일정한 이러저러한 상황
속의 이러저러한 법과 이러저러한 정치를 환대의 윤리로부터

4 이 부분의 '/'은 데리다가 사용한 것이다. '정초하는/정초된'과 '원리적 원
본성/파생'에 해당하는 표현은 'fondateur/fondé'와 'originalité principielle/
dérivation'이다.——옮긴이

5 이 책의 영어 번역본(*Adieu to Emmanuel Levinas*, trad. by Pascale-Anne
Brault & Michael Naas, Stanford University Press, 1999)에는 이 대목에 다음과
같은 역주가 붙어 있다. "1996년 여름 동안 3백 명가량의 아프리카 출신 불법 이민
자들(이른바 상-파피에sans-papiers, 신분증 없는 이민자들)이 파리의 성 베르나
르 성당에 피신해, 프랑스로부터의 추방을 피하고 근래에 입안된 이민 정책에 저
항하고자 했다. 8월 23일 경찰이 교회를 급습하여 저항자들을 감금했다. 그들 중
일부는 원래의 출신국으로 송환되었지만, 그 밖의 사람들은 미디어의 보도와 공공
의 비판이 쏟아진 이후 결국 프랑스에 잔류하도록 허용되었다."——옮긴이

연역해낼 수 없다고 가정해보자는 겁니다. 그렇다면 정초함의, 이끌어냄 또는 유도함의 이 불가능성을 우리는 어떻게 해석해야 할까요? 그것은 실패의 신호일까요? 아마 그 반대라고 이야기해야 할 것입니다. 우리는 이 공백이 지닌 겉보기의 부정성에 의해, 한편의 윤리(제일철학 또는 형이상학──물론 레비나스가 이 용어들에 부여한 바로 그 의미에서)와 다른 한편의 법 또는 정치 사이의 이 틈이 지닌 외관상의 부정성에 의해, 사실상 또 다른 시험을 치러야 할 것입니다. 만일 거기에 결함이 있는 게 아니라면, 그러한 틈은 실제로 우리가 법과 정치를 달리 생각하도록 요구하지 않을까요? 그리고 무엇보다 그 틈은, 하나의 틈으로서, 입을, 그리고 다른 발언과 결정과 책임의 가능성을 정당하게 열어주고, (법률적이고 정치적인 것이라고도 할 수 있을) 다른 결정과 책임의 가능성을 열어주지 않을까요? 그래서 거기서는 존재론적 정초의 보증 없이, 사람들이 흔히 말하듯, 결정과 책임이 **포착**되어야 하는 것이 아닐까요? 이런 가설에서는 법이나 정치의 부재란, 이 용어들의 엄격하고 한정된 의미에서 볼 때, 하나의 환상에 불과할 것입니다. 우리는 이 겉모습 또는 편의성을 넘어서, 윤리, 법, 그리고 정치 사이에 놓인, 책임이나 결정의 조건들로 되돌아올 필요가 있습니다. 그것은 결론에서 내가 제시하겠지만, 매우 근접한 두 길을 따라, 그러나 아마 의심할 바 없이 이질적인 두 길을 따라 이루어질 수 있을 것입니다.

아듀 레비나스

I

  이미 알고 계시나요? 비록 그 말을 자주 사용하거나 강조한 것은 아니지만, 『전체성과 무한』이 환대에 대한 폭넓은 논의의 가능성을 우리에게 열어주었다는 사실을 말입니다.

  이 점을 입증하는 것은 사실, 몇 번밖에 등장하지 않는 "환대"라는 이름이라기보다는, 이 어휘와 관련된 맥락들과 담론의 논리지요. 예를 들면 결론 부분에서 환대는 얼굴에 열리는 것, 더 정확히는 얼굴을 "맞아들이는" 것 그 자체의 이름이 됩니다. 얼굴은 언제나 맞아들임에 주어지며, 맞아들임은 얼굴만을 맞아들입니다. 이 얼굴이 오늘 우리의 주제인 것이죠. 그러나 레비나스를 읽어보면, 우리는 얼굴이 모든 주제화를 벗어난다는 것을 알 수 있습니다.

  이처럼 주제로 환원될 수 없음, 이렇게 형식화를 초과하거나 주제화하는 서술을 초과하는 것이야말로, 얼굴이 환대와 공통으로 가지고 있는 특성이죠. 레비나스는 환대를 주제화와 구별하는 것에 만족하지 않습니다. 우리가 곧 알게 될 것처럼, 그는 명시적으로 환대를 주제화와 대립시킵니다.

레비나스가 지향적 주관성을 처음부터 끝까지 재규정할 때, 주관화를 유한 안에서의 무한의 이념에 종속시킬 때, 그는 한 명사에 의해 다른 명사가 규정되는 명제들을 자신의 방식으로 증폭시키지요. 그때 실체적-주어와 실체적-술어는 그 명제 속에서 자리를 바꿀 수 있게 됩니다. 이것은 한-정/끝을-정함dé-termination의 문법과 전통적인 글쓰기 논리를 그 변증법적 파생물에 이르기까지 동시에 뒤흔들어버립니다. 예를 들어 다음 문장을 봅시다.

그것[지향성, ~에 대한 의식]은 말에 대한 주의注意 또는 얼굴을 맞아들임, **환대**이지 주제화가 아니다.[6]

내가 이 문장에서 **환대**라는 단어를 강조하려 했다면, 이젠 그것을 지우기 위해 이 교육적 또는 수사적 배려에 대해 재론해야겠군요. "주제화"에 대립되는 모든 개념은 동의어임과 동시에 같은 가치를 지닌 것이니까요. 그 가운데 어떤 것도 특권적일 수 없고, 따라서 강조될 수 없습니다. 그러므로 이 명

6   E. Lévinas, *Totalité et Infini*, p. 276. 강조와 [ ]는 데리다.

제를 좀더 해석해나가기 전에, 거기서 침묵한 채 이 강조의 부착을 정당화하고 있는 것이 무엇인지 언급해보도록 하겠습니다. 이 명제는 어떤 도약을 추구하는 것처럼 보입니다. 펼쳐냄에 만족하고 명시할 뿐이죠. 그것은 한 동의어로부터 다른 동의어로 나아갑니다. 말하자면 도약하는 것 같아요. 비록 실제로 이 인용문에는 단 한 번만 등장하지만, 우리는 치환의 "또는ou"(*vel*)을 각각의 명사들 사이에 끼워 넣을 수 있을 듯합니다. 물론 "주제화"는 제외하고 말이지요. "그것[지향성, ~에 대한 의식]은 말에 대한 **주의** 또는 **얼굴**을 **맞아들임**, **환대**이지 주제화가 아니다."

"환대"라는 말은 그 앞에 오는 두 단어, 즉 "주의"와 "맞아들임"을 번역하며, 진전시키고, 재-생산합니다. 하나의 내적 유사어구paraphrase가, 또한 일종의 주변어구périphrase가, 일련의 환유가, 환대를, 얼굴을, 맞아들임을 말하고 있지요. 다른 것, 타자를 향한 긴장이, 주의를 쏟는 의도가, 지향적 주의가 나타납니다. 예, 타자를 향해서요. 지향성, 말에 대한 주의, 얼굴을 맞아들임, 환대, 이것들은 같은 것입니다. 그러나 타자를 맞아들임으로서 같은 것이죠. 여기서 같은 것은 주제에서 벗어납니다. 그런데 운동 없는 이 운동은 타자의 맞아들임 속에서 지워지고, 또 타자의 무한에 대해 열립니다. 어떤 의미에서는 그것에 앞서는 타자인 무한에 대해 열리지요. 그렇기에 타자의 맞아들임(목적격인 소유격)은 이미 응답일 것입니다. 타자에 대한 예*oui*는 이미 타자의 맞아들임(주격인 소유격)[7]에 대한, 타자의 예에 대한 응답이 될 겁니다. 이 응답은 무한 ─언제나 타자의 무한─이 맞아들여지자마자*dès que* 요청되지요. 우리는 레비나스에게서 이 흔적을 따라가볼 겁니다. 그러나 이 "하자마자*dès que*"는 시작의, **아르케***arkhè*의 순간이나 문턱을 가리키지는 않아요. 무한은 전前-근원적으로 맞아들여져 있을 것이기 때문이지요. 그것은 아르케 없음*anarchie*에서의 맞아들임입니다. 책임을 지는 이 응답은 분명 **예**이지만, 이 **예에는** 타자의 예가 선행하죠. 레비나스는 데카르트적 **코기토**의 무한 관념에 대해 거듭 언급하고 해석하면서 이렇게 말합니다. "예라고 말할 수 있는 것은 내가 아니다 ─그것은 **타자다**."[8] 마땅히 우리는 그가 긍정한 것의 결과들을 제약 없이 확장해서 생각보아야 할 것입니다.

(만일 이 결과들을 그에 요구되는 엄격함과 대담함으로 쫓아갈 수 있다면, 그것은 분명 우리를 책임 있는 결정에 대한 또 다른 사유로 이끌 겁니다. 레비나스가 이렇게 말하지 않으리라는 것은 의심할 바 없지만, 내가 그 무엇으로부터도 결코 면제되지 않을 때, 결정과 책임은 언제나 **타자에 대한/타자로부터의**

---

7 원본에는 괄호 안에 든 소유격에 대한 설명에서 목적격과 주격이 뒤바뀌어 있으나, 문맥상 단순한 오기인 듯하다. 영어 번역본은 이를 바로잡아놓았다. ─옮긴이

8 E. Lévinas, *Totalité et Infini*, p. 66.

de l'autre 것이라고 주장할 수 있지 않을까요? 그런 것들은 언제나 타자에게로 돌아오고, 타자로부터 돌아오지 않나요? 비록 그것이 내 안의 타자라고 해도 말이죠.[9] 왜냐하면, 순수하고 단순하게 "나의 것"으로 머물게 될 주도권이 여전히 하나의 결정일지는 의심스러우니까요. 그런 주도권은 윤리학과 철학의 가장 강력한 전통 속에서의 필연성에 부합합니다. 그렇지만 그 필연성은 결정이란 언제나 "나의" 결정이어야 한다고 요구하지요. 자유롭게 "나-자신"을, ipse, egomet ipse[10]를 말할 수 있는 결정이어야 한다는 것입니다. 그런데 이렇듯 내게 되돌아오는 것이 여전히 하나의 결정일까요? 우리는 순전히 자율적인 운동에 "결정"이라는 이 이름을 부여할 권리가 있을까요? 비록 그것이 맞아들임의 운동이고 환대의 운동이라 할지라도 나, 나-자체 말고는 아무것으로부터도 비롯하지 않고, 나의 것인 주체성으로부터 가능한 것만을 펼쳐내지 않을까요?

---

9   나는 다른 곳에서 칼 슈미트의 결정주의décisionisme를 논의하는 가운데 이 점을 증명하려고 시도한 적이 있다. 그때 나는 "수동적 결정" "무의식적 결정" "타자의 결정" 등을 "타자의 이름으로 증여함"이 의미하는 바와 함께 논의하면서, "주체의 이론은 최소한의 결정도 설명할 수 없다"는 점을 강조하려 했다(Jacque Derrida, *Politiques de l'amitié*, Galilée, 1994, pp. 86~88). 거기서 나는, 주체의 이론을 문제 삼기 위해, 주체의 전통적이고 대부분의 경우에 지배적인 결정 방식을, 슈미트 자신도 다른 이들처럼 받아들이는 듯이 보이는 그런 결정 방식을 다루었다. 레비나스가 주체성을 재규정할 때 중시하는 것은 이런 방식이 아니라는 점은 명백하다. 우리는 조금 뒤에 이 문제로 돌아올 것이다.

10   '자기, 나 자신인 자기'라는 뜻의 라틴어 표현.── 옮긴이

우리가 거기서 자아론의égologique 내재성이 전개됨을 보는 것은 정당한 일이 아닐까요? 우리는 거기서 주체에 고유한 술어들과 주체에게만 가능한 것들이, 자유롭다고 이야기되는 모든 결정에서 일어나기 마련인 격심한 단절 없이, 자율적이고 자동적으로 펼쳐지는 것을 보게 되지 않을까요?

만일 유일하게 예라고 말할 수 있는 자가, "최초의" 예를 말할 수 있는 자가 타자라면, 맞아들임은 언제나 타자의 맞아들임이지요. 이제 이 소유격의 문법과 계보학을 생각할 필요가 있습니다. 내가 "최초의" 예의 "최초의"에 따옴표를 쳤다면, 그것은 거의 생각하기 힘든 가설에 이르러보기 위해섭니다. 즉, **최초의** 예란 없으며 예는 이미 응답이라는 가설을 생각해보기 위해서죠. 그러나 모든 것이 어떤 예로 시작해야 하듯, 응답은 시작이며, 응답은 명령합니다. 유한하고 필멸하는 우리는 본래 **던져진** 존재라는 이 아포리아를 받아들일 필요가 있지요. 이 아포리아 없이는 어떠한 노정도 약속받을 수 없을 것입니다. **응답함에 의해 시작해야** 합니다. 그러므로 시작에서 최초의 낱말이란 없을 겁니다. 부름은 응답 이후에야 불리어질 따름이지요. 응답은 부름에 앞섭니다. 응답은 부름 앞에 오며, 부름은 응답 앞에서 응답을 기다리기 위해서만 최초일 뿐입니다. 응답이 부름을 생겨나게 하는 것이죠. 이 거친 법칙 탓에 정당화 가능할 것으로 보이는 비극적 저항들("그렇다면 이런 건 무엇이냐?"고 사람들은 물을 것입니다. "응답이 없는 부름, 비탄에 찬 고독한 외침은? 그리고 기도의 고독과 그것이 증언하는 무한한 분리, 이런 건 정반대로, 부름의, 무한히 유한한 부름의 진정한 조건이 아닌가?")에도 불구하고, 죽음과 마찬가지로 흔들리지 않는 필연성이, 다시 말해 유한함의 필연성이 남아 있지요. 그 고독의 바닥 없는 바닥에서부터 부름이 그 자신을 들을 수 있는 것은, 또 그 자신이 부르는 것을 들을 수 있는 것은, 오직 응답의 약속으로부터입니다. 우리는 부름 그 자체에 대해 말하고 있어요. 만일 그런 게 있다면 말이죠. 스스로를 부름으로 인식하지 못하는 부름을 끌어들이고 싶다면, 최소한 그런 걸 생각하는 데는 응답이 필요 없을 테니까요. 그런 것은 항상 가능합니다. 확실히 일어나긴 일어나는 일이죠.

레비나스는 그런 식으로 이야기하지는 않았습니다. 그러나 나는 오늘 이러한 길-아닌 길에서 그를 만나보고 싶군요.)

"환대"라는 말이 『전체성과 무한』에 무척 드물게 나타나는 데 비해, "맞아들임"이라는 말은 논란의 여지없이 가장 자주 등장하며 가장 결정적인 단어 가운데 하나입니다. 다시 책을 들춰보지 않더라도, 그 정도는 확실하게 말할 수 있습니다. 주제적이기보다는 작용적이라 할 이 개념은 다름 아닌, 타인을 향한 최초의 모든 몸짓을 말하기 위해, 모든 곳에서 작동하고 있습니다.

그런데 맞아들임 자체가 하나의 몸짓일까요? 그것은 차라리 최초의 운동, 그리고 겉보기에 수동적인 운동, 그러나 선한 운동이지요. 얼굴과 마찬가지로, 맞아들임은 파생되지 않습니다. 또, 맞아들임 없이는 얼굴도 없지요. 맞아들임은 얼굴과 마찬가지로, 최초의 언어인 듯합니다. 같은 외연을 가지고 있고 그래서 근본적으로 동의어인 그 말과 마찬가지로, 유사 시원적인quasi-primitif ―그리고 유사 초월론적인quasi-transcendental― 단어들로 이루어진 집합 같습니다. 얼굴을 사유하고 또 얼굴과 더불어 열리거나 옮겨지는 것을 사유하기 위해서는, 우선 맞아들임의 가능성을 사유할 필요가 있습니다. 윤리학을, 형이상학이나 제일철학을―레비나스가 이 단어들에 부여한 바로 그 의미에서―사유하기 위해서는 말이죠.

맞아들임은 "받아들임"을, 받아들임의 수용성을 윤리적 관계로서 규정합니다. 앞에서 인용했던 문장을 다시 한 번 보도록 하겠습니다.

대화 속에서 타인에게 접근한다는 것, 그것은 타인의 표현을 기꺼이 맞아들인다는 것이다. 타인은 사유가 그 표현에서 간취하는 관념을 매 순간 넘어선다. 그러므로 이것은 자아의 능력을 넘어서서 타인으로부터 받아들인다는 것을 뜻한다.

이 받아들임, 여기서 강조되어 있고 맞아들임과 동의어로 제시된 낱말, 이것은 오직 척도를 넘어선 척도에서만, 자아의 능력을 넘어서서 받아들이는 그런 척도에서만 받아들입니다. 앞으로 살펴보겠지만, 이 비대칭적 불균형은 나중에 환대의 법칙을 특징짓게 될 것입니다. 그런데 같은 문단에 기묘한 명제가 있습니다. 이성이 그 자체로 이 환대하는 수용성으로 해석되고 있어요. 수용성이나 수동성의 개념을 통과하는, 또 그래서 흔히 생각하듯 이성에 대립하는 감성의 개념을 통과하는 것으로 여겨져온 철학적 전통의 거대한 줄기가, 여기서는 그 의미가 아주 근본적으로 재정향되어 있지요.

받아들임을 어떻게 수용하느냐가 문제인 것이죠.

우리가 **받아들임**이 의미하는 바를 파악하거나 알아차릴 수 있는 것은 오직 환대하는 맞아들임에서부터, 타자에게 열린 또는 타자에게 제공된 맞아들임에서부터입니다. 이성 그 자체가 하나의 **받아들임**입니다. 다른 식으로 말해, 여전히 전통의 법칙 아래서, 그러나 전통에 반해서, 물려받은 대립들에 반해서, 이성은 감성이다라고 말하는 것입니다―이성 자체는 무한 관념을 맞아들이는 것으로서의 맞아들임이지요―그래서 맞아들임은 이성적입니다.

레비나스가 이 자리에서 **문**門을 언급하고 있는데, 그것은 무슨 의미를 지닐까요? 그가 지시하고 있는 그 장소는 환대의 수사법에서의 하나의 비유적 표현에 불과한 걸까요? 만일 자기 집을 여는, 문턱 위의 문이라는 형상이 하나의 "말하는 방식"이라면, 그것은 말하는 **방식**으로의 말을 또한 이야기하는 것일 겁니다. 레비나스가 다른 곳에서 자주 환기했듯이, 타인이 우선 먹고 마시고 숨을 쉴 수 있게 하기 위해 그에게 말을 건네며 손을 내미는 **행함**의 방식이지요. 열린 문, 말하는 방식은 외재성에 대한 개방을 불러옵니다. 즉 무한 관념의 초월에 대한 개방을 초래하지요. 이 무한 관념은 문을 통해 우리에게 옵니다. 그리고 이렇게 문을 넘어가는 것은 가르침에서의 이성과 다른 것이 아니지요.

"무한 관념으로서의 초월"이 등장하는 단락에는 "그러나" "그렇지만" "단" 등등의 단어들이 세심하고 신중하게, 이 **받아들임**과 **맞아들임**의 본래적 특성을 더 날카롭게 벼려줍니다. 이 열린 문은 단순한 수동성이 전혀 아닙니다. 이성의 포기와는 반대되는 것이죠.

대화 속에서 타인에게 접근한다는 것, 그것은 타인의 표현을 기꺼이 **맞아들인다**는[강조는 데리다] 것이다. 이 표현 속에서 타인은 사유가 그 표현에서 간취하는 관념을 매 순간 넘어선다. 그러므로 이것은 자아의 능력을 넘어서서 타인으로부터 **받아들인다**는[강조는 레비나스] 것을 뜻한다. 이것이 의미하는 바는 정확히 말해, 무한의 관념을 갖는다는 것이다. **그러나** 이것은 또 가르침을 받는다는 것을 의미하기도 한다. 타인과의 관계, 즉 대화는 비-알레르기적 관계며, 윤리적 관계다. **그러나** 이렇게 **맞아들인**[강조는 데리다] 대화는 가르침이다. **그러나**[내가 강조한 이 세 번의 "그러나"는 **그러나**le mais 속의, 더 많은 것magis 속의 **그러나**

예요. 더 나아간, 더 나은 그러나죠] 그 가르침이 산파술로 귀착하는 것은 아니다. 가르침은 외적인 것으로부터 오며, 내가 포함하는 것보다 더 많은 것을 내게 가져다준다. 가르침의 비-폭력적인 타동성 속에서 바로 얼굴의 현현épiphanie 자체가 생산된다. 지성에 대한 아리스토텔레스의 분석은 이미 산파술을 스승의 타동적 행위로 대체하고 있다. 이 분석은 **문으로 들어오는**[강조는 데리다] 절대적으로 외재적인 능동적 지성을 찾아내고 이성의 주권적 활동을 구성해내는데, **그러면서도** 이성을 전혀 손상시키지 **않는다.** 이성은 자신의 지위를 포기하지 않고서 스스로가 **받아들임의 능력이 있음을** 발견하기 때문이다[강조는 레비나스].

받아들임의 능력이 있는 이성. 이성의 이 환대는 무엇을 줄 수 있을까요? 이 이성은 **받아들일 수 있음**("받아들임의 능력이 있는")으로서의 이성, 환대의 법칙 아래 있는 이성입니다. 환대의 법칙으로서의 이성이죠. 레비나스는 같은 단락에서 "받아들임"이라는 낱말을 두 번 강조합니다. 이 맥락에서 받아들임에 대한, 수동성에 앞선 이 수동성에 대한 대담한 분석들이 끼어들게 될 것임을 우리는 알지요. 그 분석의 초점들은 점점 더 결정적이 될 텐데, 각각의 의미작용이 자신의 타자에 대해 개방되는 대화 속에서(관계 **없는** 관계, 수동성 **없는** 수동성, "모든 수동성보다 더 수동적인 수동성"[11] 등등) 단어들은 스스로를 박탈하고 그 정체성은 해체되는 것처럼 보입니다.

"맞아들인다"는 말은 같은 페이지에서 다시 나옵니다. 그것은 "얼굴의 개념"과 더불어 자아의 개방을 가리키며, "존재에 대한 존재자의 철학적 우선성"[12]을 가리키지요. 그렇게 해서 이 맞아들임의 사유는 또한 하이데거에 대해 신중하지만 명료하고 강력한 항의를 끌어들입니다. 거둬들임 또는 모음(*Versammlung*)이라는 모티브에 대해, 거둬들임에서 성취될 모아들임(*colligere*)이라는 하이데거의 주요 모티브에 대해서 말이지요. 물론 레비나스에게서도 거둬들임을 위한 사유가 있습니다. 특히 『전체성과 무한』에서 "거주"라는 제목이 붙은 부분에서 그렇습니다. 그러나 **자기-집**chez-soi에서의 그러한 거둬들임은 이미 맞아들임을 전제합니다. 그것은 **맞아들임의 가능성**이지 그 반대는 아니지요. 그러한 거둬들임은 맞아들임을 가능케 합니다. 어떤 의미에서는 바로 그것이 그 거둬

---

11   E. Lévinas, "Subjectivité et vulnérabilité", *Humanisme de l'autre homme*, Fata Morgana, 1972, p. 93.

12   "[……] 그것[얼굴의 개념]은 존재에 대한 존재자의 철학적 우선성을, 힘 또는 소유에 호소하지 않는 외재성을 의미한다. 하지만 이 외재성은 플라톤에게서처럼 기억의 내면성으로 환원될 수 없는 외재성이며, 그럼에도 외재성을 맞아들이는 나를 보호하는 그런 외재성이다"(E. Lévinas, *Totalité et Infini*, p. 22).

분명 그러한 "보호"는, 맞아들임, 무-아르케, 무시간성, 타인의 초월이 명령하는 비대칭적 무한 등과 함께, 다가올 모든 문제들의 이름과 장소가 된다. 타인에 대한 무조건적 맞아들임에서 건전하고 안전한 "자아"란 무엇이란 말인가? 이 다른 주체성의 윤리적 종속에서 그 자아의 생존, 그 자아의 면역성, 그 자아의 안녕이란 무엇이란 말인가?

들임의 유일한 용도입니다. 그러니까 우리는 자기 집의 거둬들임을 가능케 하는 것이 다가올 맞아들임이라고 할 수 있을 겁니다. 비록 조건 관계들이 여기선 해결될 수 없는 것으로 보이겠지만요. 그 관계들은 논리에 대해서만큼이나 시간의 질서에도 도전합니다. 맞아들임은 또한 확실히, 거둬들임을 전제하기도 합니다. 다시 말해, **자기-집**의 친밀성과 여성의 형상을, 여성적 타자성을 전제하는 것이지요. 그러나 맞아들임은 모아들임cueillir의, 이 **모아-들임/함께-이음**col-ligere의 부차적 변형은 아닐 겁니다. 이 모아-들임은 다름 아닌 종교의 기원과, "관계 없는 관계"와 관련이 없지 않지요. 레비나스는 이 "관계 없는 관계"에 "궁극적 구조"로서의 종교라는 말을 **남겨두고** 있지요.

> 우리는 이 세상ici-bas의 존재와 초월적 존재 사이의 관계에, 어떤 개념적 공통성이나 전체성에도 이르지 않는 관계—관계 없는 관계—에 종교라는 용어를 남겨둔다.[13]

그러므로 맞아들임의 **가능성**은 거둬들임 **이전에**, 모아들임보다도 **이전에**, 그럼에도 모든 것이 도출되는 것처럼 보이는 행위 이전에, 이것들을 개방하기 위해 오는 것이 됩니다. 다른 곳에서 레비나스는 이렇게 말하지요. "무한의 관념을 소유한다

---

13 같은 책, pp. 52~53.

는 것, 그것은 이미 타인을 맞아들였다는 것이다."[14] 또는 이렇게도 말합니다. "타인을 맞아들임, 그것은 내 자유를 의문시하는 것이다."[15]

『전체성과 무한』에는 맞아들임이라는 말이 무수히 등장하는데, 여기서는 그 가운데 "진리와 정의"라는 장의 첫머리에서 대화를 정의하는, 즉 정의로서의 대화를 거론하는 예를 살펴보지요. 대화는 "얼굴에 행해진 맞아들임의 올곧음 속에서"[16] 정의로서 제시됩니다.

정의라는 이 말 속에는, 우리가 앞으로 다루게 될 만만찮은 문제들, 특히 제삼자tiers와 더불어 생겨나는 문제들이 이미 예고되어 있습니다. 제삼자는 기다림 없이 불쑥 나타납니다. 기다림 없이 다가와서 대면face-à-face 속에서의 얼굴의 경험에 영향을 미치지요. 제삼자의 이 끼어듦, 이 "제삼자임tertialité"이 맞아들임 그 자체를 방해하지는 않는다 해도, 그것은 분명히 증언자(terstis)가 증언을 하기 위해 그렇게 하듯, 대면하고 있는 양자를, 타자의 단일성에 대한 독특한 맞아들임을, 이 제삼자의 끼어듦을 향해 돌려놓거나 외면하게 합니다. 그런데 제

14 같은 책, p. 66.
15 같은 책, p. 58.
16 같은 책, p. 54. 강조는 데리다. 레비나스는 또 "우리는 대화 속에서의 이 얼굴의 접근을 정의라고 부른다"(p. 43)고 말한다. 거기서 레비나스는 이 정식을 강조하고 있고 그럼으로써 제삼자의 문제가 등장하기 이전에 정의를 규정하는 것같이 보인다. 그러나 과연 여기에 이 "이전에"를 위한 어떤 자리가 있을까?

삼자의 삼자성illéité은 레비나스에게는 다름 아닌 정의의 시작이에요. 법으로서의 정의임과 동시에 법 너머의 정의, 법 너머의 법 속에서의 정의의 시작이지요.『존재와 달리 또는 존재성을 넘어』는 "삼인칭으로서의" 이 "삼자성"에 대해 말합니다. "그러나 이때의 '제삼자임'은 세번째 사람의 제삼자임과는 다르다. 다른 사람을 받아들이는 대면을 중단시키는, 근접성이나 이웃의 접근을 방해하는 제삼자의 그것과, 정의가 시작되게끔 하는 세번째 사람의 그것과 다르다."[17]

이 앞에는 각주에서, 정의란 "제삼자의 이 현전 자체"라고 말하는 부분이 있습니다.[18] 나는 항상 이 대목에서 어떤 탄식을 듣는 것처럼 느꼈습니다. 욥이라는 한 인간이 처한 아포리아의, 비탄의, 증언의, 항의의, 고함 또는 이의제기의 탄식을요. 욥은 정의에 호소하기보다는 정의에 **반해** 간청하고자 했었습니다. 이 페이지들은 우리에게 정의로운 자에 관한 절망적인 문제들을 제기합니다. 정의보다 더 정의롭고자 했던 한 정의로운 자의 문제를요. 또 다른 욥은——이건 욥의 타자를 말하는 것은 아닙니다——결국, 정의와 함께 행해야 하는 것이 무엇

17 E. Lévinas, *Autrement qu'être ou au-delà de l'essence*, M. Nijihoff, 1974, p. 191.『전체성과 무한』은 이미 이 삼자성이라는 말로 제삼자가 "언어"로서, 그리고 "정의"로서 지니는 "불가피한" 층위를 맞아들인다. 예를 들어 p. 188, 282 등을 보라. 우리는 나중에 여기로 돌아올 것이다.

18 E. Lévinas, *Autrement qu'être ou au-delà de l'essence*, p. 84.

인지를 묻습니다. 정의로운 그리고 정의롭지 않은 정의와 함께 행해야 하는 바를 말입니다. 이 문제들은 모순을, 비할 데 없고 유례없는 모순을, 말함에 의한 말함의 가혹한 모순을, 모-순/말에-맞섬Contra-Diction 자체를 고발하지요.

제삼자는 이웃과는 다르다. 그러나 또 다른 이웃이기도 하다. 그는 타자의 이웃이지만 단순히 타자와 비슷한 자는 아니다. 그렇다면 타자와 제삼자는 서로에 대해 무엇인가? 그들은 서로에게 무엇을 했는가? 타자 앞에 누가 지나가는가? [……] 타자와 제삼자, 나의 이웃들이며 서로 동시대인들인 이들이 나를 타자로부터, 제삼자로부터 멀어지게 한다. "가까운 데 있는 자에게든 먼데 있는 자에게든 평화가 있을지어다, 평화가 있을지어다"(「이사야」 57장 19절). 우리는 이제 이 외관상의 레토릭이 지니는 날카로움을 이해하게 된다. 제삼자는 말함 속에 모순을 도입한다. [……] 바로 이런 일이 책임을 한계지우며 문제를 탄생시킨다. 나는 정의를 가지고 무엇을 해야 하는가? 이것은 의식의 문제다. 정의가, 다시 말해 비교가, 동시성이, 모음이 [……] 필요해진다.[19]

19 같은 책, p. 200. 이 "말함 속의 모순"은 아마 이 숙명(행복하고 불행한)에서, 대신함의 이 법에서, 법으로서의 대신함에서 기인할 것이다. 제삼자는 타자의 대체 불가능한 독특성과의 대면을 중단시키지(멀어지게 하지) 않으면서 중단시킨다(멀어지게 한다). 이것이 레비나스가 여기서 멀어짐에 대해 말하는("타자와 제삼자는 [……] 나를 타자로부터, 제삼자로부터 멀어지게 한다") 이유다. 그리고 이것이 정의다. 반면에, 레비나스는 『전체성과 무한』에서는 이렇게 썼다. "우리는 대화 속에

그래서 레비나스는 이 "필요"의 귀결을 용기 있게 분석하지요. 이것은 우리를 윤리가 넘어서야 할 장소들에 어쩔 수 없게 다시 끌어들입니다. 얼굴의 가시성, 주제화, 비교, 대칭성, 체계, "정의 과정 앞에서의" 공-현존co-présence 따위에 말이죠. 사실, 그것은 우리를 이 장소에 괜히 다시 끌어들이는 것이 아닙니다. 그것은 우리를 그 전날 이래로 그곳에 불러내는 것이죠. 제삼자는 기다리지 않기 때문입니다. 그것은 거기에 있어요. 대면 속에서 얼굴이 "최초로" 현현한 이래 말이죠.

문제는 그러므로 제삼자입니다.

"문제의 탄생", 그것이 제삼자예요. 그래요, **탄생**이지요. 제삼자는 기다리지 않으니까요. 제삼자는 얼굴과 대면의 시초로 옵니다. 그래요, **문제로서의 문제**의 탄생이지요. 대면은 즉시 중지되니까요. 대면은 중단됨 없이 중단됩니다. 대면**으로서**, 두 독특성의 쌍으로서 말이죠. 제삼자의 불가피함은 문제의 법입니다. 한 문제의 문제, 타자에게 그리고 타자로부터 건네진 것으로서의 문제, 타자의 타자, 확실히 최초의 문제는 아니지만 (그것은 타자에 대한 예 그리고 타자의 예 다음에 옵니다), 아무것도 선행하지 않는 문제의 문제. 아무것도, 특히 누구도 선행하지 않는 문제의 문제.

서의 얼굴의 이 접근을 정의라고 부른다"(E. Lévinas, *Totalité et Infini*, p. 43).

이 문제는 그러나 또한 결과적으로 정의, 철학적 지성, 지식, 그리고 옆proche에서 옆으로, 이웃prochain에서 이웃으로 스스로를 알려가는 것, 국가의 형상을 이루기도 합니다. 우리가 [레비나스를 통해] 듣게 될 것처럼, 이 모두가 **필요한** 것들입니다.

레비나스는 「평화와 근접성」에서 동일한 논리와 동일한 어구들을 사용하고, 때로는 여기서 언급한 내용을 글자 그대로 반복하면서, 제삼자의 불가피성과 문제 자체의 시원**과** 정의**와** "사회의 정치적 구조"를 연역해냅니다(문제의 위상을 규정하고 거기에 자신의 서명을 새겨 정당화하는 철학 담론, 말하자면 레비나스의 담론 거의 모두를 연역해내는 것이지요. 예를 들자면 우리가 이해하는 그 모든 담론 공간이 제삼자에게 호소하는 것입니다[20]). 이행 없는 도약, "문제 없음"에서 "최초의 문제"의 탄생으로 옮겨가는 단절적 변이는, 동시에 윤리적 책임이 법률적, 정치적, 그리고 철학적 책임으로 이행하도록 합니다. 그것은 또한 직접성 밖으로 나감을 말해주지요.

다른 인간에 대한 책임은 그 **직접성** 속에서는 확실히 **모든 문제**

---

20 레비나스의 저작에 바친 나의 두 논문들에서 되풀이되는 분석 주제 가운데 하나가 바로 이것이다(J. Derrida, "Violence et métaphysique", *L'écriture et la différence*, Seuil, 1967, 그리고 "En ce moment même dans cet ouvrage me voici", *Psyché. Inventions de l'autre*, Galilée, 1987).

에 앞선다. 둘 사이에서는, 주체에 대한 나의 예속은 이웃에 대한 예속이다. 그러나 제삼자가 이 둘에서의 외재성을 흔들어놓는다면, 책임은 어떻게 되는가? 제삼자는 이웃과는 다르다. 그러나 또 다른 이웃이기도 하다. 그는 타자의 이웃이지만 단순히 타자와 비슷한 자는 아니다. 나는 무엇을 해야 하는가? 그들은 서로에게 이미 무엇을 했는가? 내 책임에서 타자에 앞설 수 있는 것은 무엇인가? 그러므로 그들은, 즉 타자와 제삼자는 서로에게 무엇인가? **문제의 탄생**이다.

사람-사이에서 최초의 문제는 **정의의 문제**다. 필요한 것은 이제 **앎**이다. 의-식con-science[21]을 행하는 것이다. 유일한 것 및 비교 불가능한 것과 나의 관계에는 비교가 포개어진다. 공정이나 평등을 위한 무게 달기가, 사유가, 계산이, **비교 불가능한 것들의 비교**가, 또 그래서 존재의 중립성―현전 또는 재현―이, 주제화와 얼굴의 가시성이 겹쳐진다.[22]

연역은 이렇듯 "법에 따르는 사회의 정치적 구조"에 이르기까지, "시민의 위엄"에 이르기까지 추구됩니다. 그렇지만 거기

---

21   'science'는 지식, 학문, 기술을 뜻하고 'con'은 공동, 함께 등을 뜻하는 접두사이므로, conscience를 글자 그대로 해석하면 '공동의 지식'이라는 의미를 갖는다.―옮긴이

22   E. Lévinas, "Paix et Proximité", in *Emmanuel Lévinas*, Cahiers de la nuit surveillée, 1984, p. 345. 강조된 단어들 가운데 레비나스가 강조한 것은 "유일한" 뿐이다.

에는 윤리적 주체와 시민적 주체 사이에 날카로운 구분이 남아 있어야 하겠지요.[23] 그러나 이렇듯 순전한 윤리적 책임 밖으로 나가는 것, 윤리적 직접성을 이렇게 중단시키는 것은 그 자체가 직접적입니다. 제삼자는 기다리지 않고, 제삼자의 삼자성은 대면에서 얼굴이 현현하자마자 호소를 합니다. 제삼자의 부재는 유일한 것과 대면하는 절대적 직접성에 담긴 윤리의 순수성을 폭력적으로 위협할 테니까요. 물론 레비나스는 이런 형태로 말하지는 않습니다. 그러나 "유일한" 둘 사이의 대면 쌍을 넘어 또는 가로질러 레비나스가 정의를 요청할 때, 그가 정의가 "필요하다"고, 제삼자가 "필요하다"고 확언하고 다시 확언할 때, 그는 무엇을 하고 있는 것일까요? 이때 그는 얼굴의 대면 속에서의 순수하고 직접적인 윤리에 폭력이 내재되어 있다는 가설을 생각하고 있었던 게 아닐까요? 이웃과 절대적 단일성의 경험 속에서 잠재적으로 풀려나 있는 폭력 말입니다. 거기서는 선을 악으로부터, 사랑을 미움으로부터, 증여를 갈취로부터, 생의 욕망을 죽음의 충동으로부터, 환대적 맞아들임을 자기중심적 또는 자기도취적 유폐로부터 식별해낼 수 없을

23 "자신의 윤리적 입장 속에서의 자아는, 도시에서 비롯한 시민으로부터, 또 자신의 자연적 이기주의 속에서 모든 질서에 선행하는 개인으로부터 구분된다. 그러나 홉스 이래로 정치철학은 도시의 사회적 또는 정치적 질서를 여기에서 도출하려 한다―또는 도출하는 데 성공한다"(E. Lévinas, "La souffrance inutile", 같은 책, p. 338).

것입니다.

그러니까 제삼자는 윤리적 폭력 자체의 현기증에 맞서 저항하는 셈입니다. 바로 이 폭력에 윤리는 이중으로 노출되어 있다고 할 수 있을 것입니다. 그 폭력을 겪는 것에, 그러나 또한 그 폭력을 행하는 것에 말입니다. 교대로 또는 동시에요. 제삼자인 보호자 또는 조정자가 법률적–정치적 역할을 하게 되면, 유일한 자에게 바쳐진 윤리적 욕망의 순수성에 그 나름으로, 최소한 잠재적으로, 폭력을 행사하게 된다는 것은 사실입니다. 여기에서부터 이중적 구속의 끔찍한 운명이 생겨나지요.

이 **이중의 속박**double bind, 레비나스는 결코 이런 표현을 쓰지는 않았습니다만, 저는 레비나스 자신이 수립하고 요청한 공리들의 귀결 속에 그 표현의 필연성을 새겨 넣는 모험을 감행하려고 합니다. 즉, 만일 유일한 자와의 대면이 타자에 대한 나의 책임이라는 무한한 윤리를 일종의 **문자 이전의 맹세**serment avant la lettre[24] 속에, 일종의 무조건적 존중 또는 충실성 속에 끌어 넣는다면, 제삼자의 불가피한 출현이, 또 그와 더불어 정의의 불가피한 출현이 최초의 위반parjure을 의미하게 될 거라는 얘깁니다. 말없고 수동적이며 고통스럽지만 없을 수 없는 그러한 위반은 우연적인 것도 부수적인 것도 아닙니다. 그것은 얼굴의 경험과 마찬가지로 근원적인 것이에요. 정의는 이 위반

---

24 'avant la lettre'는 원래 '글쓴이의 이름을 넣기 전의'라는 뜻이다.— 옮긴이

과 더불어 시작할 겁니다(어떻든 정의는 법으로서 시작합니다. 그러나 만일 정의가 법에 초월적이거나 이질적인 것으로 머문다 해도 우리는 이 두 개념을 분리할 수는 없어요. 정의는 법을 **요구하며**, 법은 얼굴에서 제삼자의 삼자성이 출현하는 것 이상을 기다리지 않지요. 레비나스가 "정의"를 말할 때면, 또한 거기서 "법"을 듣는 것이 정당하다고 나는 생각합니다. 법은 그러한 위반과 더불어 시작할 겁니다. 그것은 윤리적 올곧음을 배반하지요).

위반, 내가 알기로 이것은 레비나스의 주제에 이름을 올려놓고 있지 않아요. **맹세**도 마찬가집니다. 우리 관심사인 글들에서 이 단어들과 마주치거나 이 단어들을 본 기억도 없어요. 그래서 "문자 이전의 맹세"라고 특정할 필요가 있는 것이죠. 이것은 모든 계약이나 모든 차용 이전의 빚을 의미하기도 합니다. 이 표현은 레비나스의 텍스트에 나타나는 문자에 가깝군요. 하기야 레비나스는 주저하지 않고 "근원적 영광의 말"에 대해 말하니까요. 이것은 바로, "증언을 하는" 경험 속에서, "자기입증"의, "대면의 올곧음"의 경험 속에서 등장합니다.[25]

용납하기 힘든 스캔들입니다. 비록 레비나스가 그렇게 말한 적은 없지만, 정의는 숨을 쉬듯 위반합니다. 정의는 "근원적 영광의 말"을 배반하며, 그 서약함jurer은 오직 위반하고parjurer,

---

25 E. Lévinas, *Totalité et Infini*, pp. 176~177.

포기하며abjurer, 모욕하는injurer 데 이를 따름이지요. "대체 정의로 무엇을 해야 하는가?" 레비나스가 정의로운 것에 대한 탄식을 떠올리는 것은 의심할 바 없이 이러한 숙명 앞에서일 겁니다.

그러니까 정의가 펼쳐질 때 우리는 더 이상 맹세에 대한 충실성과 거짓 증언의 위반을 구분하지 못합니다. 오히려 먼저 배반과 배반을 구분하게 되지요. 언제나 더 나아간 배반을 말입니다. 그래서 우리는 분석에 요구되는 신중함을 다하여, 모든 맹세에 앞서는 이 서약된 믿음에 대한, 이 "본래적 영광의 말"에 대한 결핍의 성질과 양태와 상황을 고려해야 합니다. 하지만 이 차이들은 결코 최초의 위반의 흔적을 지우지 못할 겁니다. 기다리지 않는 제삼자로서, 윤리와 정의를 여는 심급은 거기서 유사-초월론적인 또는 근원적인 위반의 심급에 있게 되는 것이죠. 이를테면 전-근원적인 위반의 심급에 말입니다. 이 위반이 윤리를 초과하고 배반하는 것에 윤리를 결합시키는 한, 우리는 그것을 **존재론적**이라고 부를 수 있을 것입니다(존재론, 이것은 공시성, 전체성, 국가, 정치적인 것 등등을 뜻하지요). 심지어 우리는 거기서 억누를 수 없는 악이나 근본적인 도착倒着; perversion을 볼 수도 있을 겁니다. 만일 악한 의지가 원래 거기에 부재할 수 없는 것이라면, 또 만일 그 악한 의지의 가능성이, 최소한 그 가능성의 출현이 그렇다면 말이지요.[26] 만일 어떤 도착성pervertibilité이 또한 선, 정의, 사랑, 믿음 등등의 조건이 아니라면, 나아가 완전성의 조건이 아니라면 말입니다.

그러나 유령과도 같은 이 "가능성"은 애초의 도착성의 추상이 아닙니다. 이것은 오히려 한계를 통제하고 결정하고 규정짓는 것의 **불가능성**이라고 해야 할 겁니다. 기준들, 규범들, 규칙들에 의해 자리를 잡고 거기서 자신을 지탱하는 일의 **불가능성**이죠. 이것은 도착성을 도착으로부터 분리시키는 문턱입니다.

필요한 것은 바로 이 불가능성입니다. 이 문턱은 일반적인 지식이나 규칙화한 기술에 내맡겨져서는 안 됩니다. 그것은 규제된 모든 절차를 초과할 필요가 있습니다. 그래서 스스로를 도착화시킬 위험을 항상 무릅쓰는 것 자체에(선, 정의, 사랑, 믿음, 그리고 완전성 등등에) 개방될 필요가 있어요. 그것이, 이 가능한 최악의 환대가 필요합니다. 그래서 선한 환대가 자신의 기회를, 타자가 오게 할 기회를, 타자에 대한 예 못지않게 타자의 예를 가지게끔 말이지요.

이 무한한 복잡성은 실제로 그 복잡함이 도출되어 나오는 일반적 구조에 아무런 변화도 주지 않습니다. 대화, 정의, 윤리적 올곧음이 무엇보다 **맞아들임**에서 기인한다는 구조 말입니다. 맞아들임은 언제나 얼굴에 대해 마련된 맞아들임이지요. 맞아들임에 대한 이러한 사유를 엄밀히 연구하려면 이 말

26 우리는 여기서, 언제나 가능한 **배반**을 의지에 대해 환기시키는 『전체성과 무

아듀 레비나스

이 일정한 방식으로 반복해서 등장하는 모든 맥락들을 거론해야 할 겁니다.[27] 엄청난 일이겠죠. 뿐만 아니라 프랑스 숙어 표현이 그 말에 제공한 다른 기회들도 고려해야 합니다. 숙어, 애매한 기회, 문턱의 시볼레스shiboleth[28], 환대의 예비적 기회, 레비나스에 의해 세놓아진 기회, 그의 글을 위한, 그러나 그의 철학적 저술에 의해 프랑스어에 부여된 기회를요. 이 기회들은 지하예배소에 어울리는 장소들을 쌓아나갑니다. 또 그것들은 우리가 맞아들임이라는 어휘를 다른 언어들로 번역하려 할 때 만나게 될 어려움들을 증식시킵니다. 여기서 환대(한 언어의 환대와 한 언어에 제공된 맞아들임, 주인hôte의 언어와 손님hôte으로서의 언어)에 대한 이 분석은 예컨대, 의미를 수집하거나 재수집하는 가운데, **거둬들임**recueillement과 **맞아들임** accueil 사이의 매우 의미심장한 유희를 주목하게 해주지요.

방금 언급했듯, 레비나스는 언제나 거둬들임을 맞아들임 위에서 엽니다. 그는 거둬들임의 열림을 맞아들임에 의해 환기

한』의 특정한 언급들에, 겉보기보다는 아마 더 가까이 있는 셈이다. "본질적으로 침범 가능한 의지는 그 본질에 **배반**을 담고 있다"(같은 책, p. 205). "이렇듯 의지는 의지의 충실성과 **배반** 사이를 움직이는데, 이 **동시적** 두 가지가 의지 능력의 근원성을 드러낸다"(같은 책, p. 207). 강조는 데리다.

27   예를 들어 E. Lévinas, *Totalité et Infini*, p. 22, 54, 58, 60, 62, 66, 74, 128, 276 등을 보라.

28   '옥수수자루'를 뜻하는 히브리어. 길르앗 부족Gileadites의 지도자였던 입다 Jephthah가 이 단어를 이용해서 자기 부족과 'sh' 발음을 잘하지 못하는 다른 부족 (에브라임) 사람들을 구별했다고 한다. 흔히 암호라는 뜻으로 쓰인다.─옮긴이

합니다. 타자의 맞아들임, 타자에게 마련된 맞아들임에 의해서요. "거둬들임은 맞아들임에 따른다"고 레비나스는 "거주"를 다루는 대목에서 말합니다. 이 거주라는 주제는, 문제를 풀어나가기 위해 긴 분석을 끌어들입니다. 레비나스는 거기서 집 또는 자기-집의 친밀함을 기술합니다. 모아들인 내면성의 장소, 거둬들임의 장소——확실히 그렇지요. 하지만 그것은 환대의 맞아들임이 성취되는 거둬들임의 장소지요. 눈에 보이지 않는 현상, 말하자면 얼굴에서 나타남과 물러섬을 결합시키는 **분별**discrétion에 대해 분석한 다음, 레비나스는 **여성**에 대해 이렇게 말합니다.

[……] 그 현전이 분별적 부재인 타자, 그 부재로부터 친밀성의 장을 그려내는, **진정으로 환대하는 맞아들임**을 성취하는 타자가 곧 여성이다. 여성은 거둬들임의 조건, **집**과 정주定住의 내면성이 성립하는 조건이다.[29]

이 거둬들임의 범위는 어디까지일까요? 물론, 원칙적인 방식으로 우리는 방금 그것이 "맞아들임에 따른다"는 얘기를 들었습니다. 거둬들임이 미치는 것은 거기죠. 거기에 거둬들임의 전달[30]이, 그것의 관계 또는 연관이 있습니다. 그러나 그것은 **걸**

---

29 E. Lévinas, *Totalité et Infini*, p. 128. 강조는 데리다.

으로 볼 때는, 즉 여성의 형태로 또는 집의 형태 속에서 나타나는 거둬들임은, 맞아들임의 한 양상일 따름이에요. "침묵하는 언어"의, "말 없는 이해"의, "비밀 안에서의 표현"의 나-너 속에서, 레비나스가 여기서 "여성적 타자성"이라 부르는 것 속에서 나타나는 맞아들임의 한 양상이죠.

이 여성적 타자성은 무엇보다도 일련의 결핍으로 표시됩니다. 특정한 부정성이 "~없이" "~이 아니다" "아직 아니다" 등의 말로 나타나죠. 그런데 여기 결핍된 것은 다름 아닌 언어의 탁월한 가능성입니다. 일반적인 언어가 아니라 언어의 **초월**이, 얼굴의 높이로부터의 말들과 가르침들이 결핍된 겁니다.

~로 사는 단순한 삶, 즉 요소들에 대한 자발적인 수락은 **아직** 정주가 아니다. 그러나 정주는 **아직** 언어의 초월이 아니다. 친밀성 안에서 맞아들이는 타인은 어떤 높음의 차원에서 스스로의 얼굴을 계시하는 **당신**vous이 아니다. 그것은 친숙성의 너tu다. 그것은 가르침 **없는** 언어, 침묵하는 언어, 말 **없는** 이해, 비밀 안에서의 표현이다. 부버Martin Buber가 인간 사이의 관계 범주라고 한 "나-너je-tu"는 대화상대자와 맺는 관계가 아니라, 여성적 타자

---

30   여기서 '전달'로 옮긴 férance는 데리다가 '운반하다' '전달하다'를 뜻하는 라틴어 'ferre'에서 가져와 사용하는 말이다. 『에코그라피』(자크 데리다 · 베르나르 스티글러, 김재희 · 진태원 옮김, 민음사, 2002)의 번역자는 p. 36의 각주 17에서 이 말의 쓰임새에 대해 설명하고 있다.—옮긴이

성과 맺는 관계다.[31]

여성적 타자성이 이렇듯 얼굴의 "높음"을 결여하고 있는 것으로 등장한다 해도——확실히 그렇지요——그리고 가르침 속의 지고Très-Haut의 절대적 수직성을 결여하고 있다 해도, 여성적 타자성은 말을 합니다——인간적 언어를 말하지요. 여성적 타자성 안에 동물적인 무언가가 있음을 암시하는 듯한 묘사가 있음에도 불구하고, 거기에 동물적인 것은 아무것도 없습니다. 이 언어는 단지 "침묵"하는 겁니다. 그리고 거기 환대가 있다면, 또는 "은신의 땅"이 있다면, 그것은 거주가 동물성을 통과해가기 때문입니다. 거주의 자기-집이 "은신의 땅으로서의 자기 집"에 있는 것이라면, 이것이 의미하는 바는 그곳에 사는 자는 추방된 자이자 피난한 자로, 집주인이 아닌 손님으로 거주한다는 거예요. 이 "여성적 타자성"의 인간성은 타자인 여성의 인간성이고 여성(으로서의) 타자의 인간성입니다. 여성이 자신의 "여성임"을 이루는 침묵 속에서 여성은 남성이 아니라 해도 인간으로 머무는 것이죠. 더욱이 근접성 일반이, 집의 친숙함이 분리를 끝내는 것은 아니에요. 사랑이나 에로스가 융합을 의미하는 것도 아니고요. 도리어 친숙함은 "분리의 에너

---

31   E. Lévinas, *Totalité et Infini*, pp. 128~129. 강조 표시된 말들 가운데 레비나스가 강조한 단어는 "당신"과 "너"뿐이다.

지"를 성취하죠.

> 그것[친숙성]으로부터, 분리는 거주와 정주로 자신을 구성한다. 실존한다는 것은 따라서 거주한다는 것을 의미한다. 거주한다는 것은 누군가가 자기 뒤로 던진 돌과 같이 실존 속에 던져진 한 존재의 익명적 현실을 나타내는 단순한 사태가 아니다. 거주한다는 것은 **거둬들임**이고, 자기를 향해 옮이며, **은신의 땅**으로서의 자기 집으로 물러남이다. 이것은 **환대**, 기다림, **인간적 맞아들임**에 답한다. **인간적 맞아들임**, 여기서는 말 없는 언어가 본질적인 가능성으로 남아 있다. 여성적 존재의 이 침묵하는 오고감은 자신의 발걸음으로 존재의 비밀스러운 두께를 울린다. 이것은 보들레르가 즐겨 그 낯선 애매함을 환기하곤 했던 동물적이고 고양이 같은 현존의 흐릿한 신비[32]가 아니다.[33]

이 이야기는 겉으로 보기에는 부버의 나-너에 대해 논의하는 맥락 안에 있지만[너-나들이하는](친밀한 관계tutoiement에 대한 부버의 담론에 레비나스는 유보적이긴 했지만, 그는 이 관계를 "예외적인 올곧음"[34]으로 인정하게 됩니다), 그러나 실

---

32 보들레르, 『악의 꽃』에 수록된, "고양이"라는 제목의 시 두 편 참조.—옮긴이
33 E. Lévinas, *Totalité et Infini*, p. 129. 강조는 데리다.
34 "너-나들이하는 친밀한 관계의 예외적 올곧음 속에서 자신의 현현을 해석하는 것을 정당화해준 타자의 현전이 가지는 절대적인 면은 단순한 현전이 아니다.

제로 이 부분은 다른 맥락에서 문제가 되고 있지 않나요? 이러한 양상이 집과, 거주와, 특히 여성의 여성성과 관련하여 환대에 적합한 한 양태일 뿐이라고 믿어야 할까요? 레비나스가 정식화한 것들을 보면, 그런 식으로 제한할 수 없다는 점을 충분히 알 수 있습니다. 그 정식들은 논리를 독특하게 복잡화하고 있어요. 그것들은 고집스럽게, 명시적으로 정의하죠. "여성"을 "진정으로 환대하는 맞아들임"으로, "여성적-존재"를 "진정한 맞아들이는 자"로, "맞아들이는 자 그 자체"[35]로 말입니다. 우리는 그 정식들이 강조하는 그러한 본질적 규정들이 담긴 운동이 어떠한 귀결에 이르게 될지 가늠해보지 않을 수가 없군요. 적어도 두 가지 방향에서 생각해볼 수 있습니다.

한편으로, 우리는 "진정한 맞아들이는 자" "맞아들이는 자 그 자체"가 우리가 막 환기한 한계들 속에서, 정주의 또 여성적 타자성의("언어의 초월" 없는, 가르침에서 얼굴의 "높음" 없는) 한계들 속에서 맞아들이는 것임을 생각할 필요가 있습니

[……]"(E. Lévinas, "La trace", *Humanisme de l'autre homme*, p. 63). 이 텍스트가 존재의 너머에 삼자성을 놓고 있다는 점을 상기할 필요가 있다. 이 삼자성은 "자기-자신에 의해, 자기성에 의해 정의되지 않는 삼인칭"인데, 이 삼자성illéité의 "그il"는 불가역성에 의해, "곧지 않음irrectitude"에 의해 특징지어진다. 여기서 이 "곧지 않음"은 어떤 부정적 함의도 갖지 않는 것으로 보인다. 그렇기에, 반대로, 특정한 "곧음rectitude"은 이 삼자성의 초월을 환원해버릴 수도 있을 것이다(같은 글, p. 59 참조).

35   E. Lévinas, *Totalité et Infini*, p. 131.

아듀 레비나스

다. 이 한계들이 무릅써야 하는 위험은 아직 윤리적인 것과 정치적인 것 사이를 통과하는 것은 아니지요. 그것은 우선, 전前-윤리적인 것—즉 언어의 초월, 얼굴의 높이와 삼자성, 가르침 등등에 앞선 "정주" 또는 "여성적 타자성"—과 다른 한편으로 윤리적인 것 사이를 통과해야 합니다. 마치 윤리 이전에 맞아들임이, 이를테면 "진정한" "그 자체의" 맞아들임이 있을 수 있다는 것처럼 말이지요. 또 마치 그러한 "여성적 존재"는 아직 윤리에 접근하지 못했다는 것처럼 말입니다. 그래서 "거주"라는 장의 위치와, 더 넓게는 그 장이 속하는 2부(「내면성과 경제」)의 자리는 건축술상의 심각한 문제들을 제기하는 셈이지요. 만일 적어도 그 건축술이 "체계의 기술"(칸트)이 아니라면, 그런 문제들이 제기될 겁니다. 또 만일 『전체성과 무한』이 체계적 전체성을 철학적 진술의 최고 형식으로 보는 견지를 문제 삼음으로써 시작하지 않았다면 그랬을 거라는 말이지요. 그 건축술은 아마 철학을 정주의 정주 가능한 것 속으로 몰아넣기 때문에 그렇다고 덧붙일 수도 있을 테지요. 여기서 우리를 괴롭히는 맞아들임의 문제들을 이미 제기하는 것은 어쨌든 경제의 내면성이라는 것이죠.

그러니까 바로 이 심연으로부터, 우리는 이 독특한 책의 서술을, 그 언어(언어들)와 구성을, 그리고 그 책에 나오는 맞아들임에 대한, 성적 차이에 따른 진정한 맞아들임에 대한 진술을 해석해내야 하지 않을까요? 우리는 아직 문제의 끝에 도달하지 않았습니다. 그 문제들은 4부 「얼굴 너머」와도 관계되어 있기에 더 그렇죠. 이 4부는 "사랑의 애매성"으로, 또 애무의 분석을 통해 여성성을 건드리는 것("에로스의 현상학")으로 시작하지요.

여기서 그런 면을 다룰 수는 없습니다만, 앞으로의 포석이 되게끔 다음의 언급은 해두도록 하지요. "에로스의 현상학"은 우선 그리고 오로지, 이렇게 말할 수 있다면, 남성적인 **시선** point de vue으로 여성적인 것을 **향**해 있습니다. 하지만 바로 그 때문에 그 시선은, "여성적인 것"이 "본질적으로 침해 가능하면서 침해 불가능한", 빛이 없는 이 여성성의 장소에서, 스스로 장님(시각이 없는point de vue)[36]이 됩니다. 이 침해 불가능한 침해 가능성, 자신이 무방비로 노출되는 그곳에서 폭력을 금지하는 한 존재의 이 상처입기 쉬움, 이것은 여성적인 것에서 얼굴 자체를 나타내는 것으로 보입니다. 비록 여성적인 것은 "얼굴 너머로 가는 얼굴을 제공"하며, 거기서 에로스는 "가능한 것 너머로 가는 데서 성립"[37]하지만요.

우리는 이 분석에 논쟁의 지점들——그리고 위험들——이 있다는 것을 결코 축소하지는 맙시다. 레비나스가 1947년에 『존재에서 존재자로』와 『시간과 타자』에서 에로스를 분석할 때 이

---

36 프랑스어 'point de ~'에는 '~의 지점'이라는 뜻만이 아니라 '전혀 ~하지 못한다'에 해당하는 부정적 의미가 있다.——옮긴이
37 같은 책, p. 238.

아듀 레비나스

미 드러났던 비약이, 1961년에도 여전히 나타나고 있는 것으로 보입니다. 여성적인 것은 한번에, 단지 하나의 운동 속에서, 자아와 빛의 세계를, 따라서 플라톤에서 후설에 이르는 특정한 현상학적 지배를 초월하게 해주는 것을 가리키고 있습니다. 이런 의미에서 보면, 『전체성과 무한』에서 "진정으로 맞아들이는 자"가 될 여성적인 것은 1947년에 이미 "진정한 타자"로 규정되었던 것이죠.

세계와 빛은 고독이다 [······]. 빛을 특징짓는 관계들 가운데 그 어떤 것을 통해서도, 자아의 규정적인 면을 부수어버리는 타인의 타자성을 파악할 수 없다. 앞질러 말해보자. 에로스의 평면은 진정한 타자가 여성적인 것이라는 점을 엿볼 수 있게 해준다 [······]. 여성적인 것의 역할에 대해 전적으로 무지했던 플라톤적 해석과는 달리, 에로스는 빛의 고독으로부터 벗어나, 그리고 그 것의 결과로써, 문자 그대로의 의미에서의 현상학으로부터 벗어나, 다른 곳에서 우리를 사로잡을 철학의 주제다.[38]

같은 시기에 『시간과 타자』에 나오는 성적 차이에 대한 분석 (여기서 레비나스는 성적 차이가 다른 차이들 중의 하나가 아

38 E. Lévinas, *De l'existence à l'existant*, Paris, Fontaine, 1947, pp. 144~145(『존재에서 존재자로』, 서동욱 옮김, 민음사, p. 142~144. 번역은 약간 수정했다——옮긴이).

니라는 것을, 즉 "차이"라는 장르의 한 종류가 아니라는 것을, 어떤 모순도, 보충물도 아니라는 것을 끈질기게 상기시키죠)도 유사한 명제들로 나아갑니다. 여성적인 것은 "빛을 회피하는 데서 성립하는 존재 양식" "빛 앞에서의 도피", 부끄러움으로 "은신하는" "실존 방식"이에요.

1947년의 이러한 언급들이 사실상 『전체성과 무한』(1961)을 예고한다고 할 수 있는데요, 그보다 훨씬 뒤인 1985년에 레비나스는 그중 몇 개의 명제들로 다시 돌아오게 됩니다. 거기에 대해선 나중에 살펴보기로 하죠.

요약해서 말하자면, 레비나스는 사실상 환대와 사랑을 구분하는 것에서부터 시작합니다. 사랑은 환대를 성취하지 못하기 때문이죠. 하지만 그럼에도 그는 "대화discours의 초월은 사랑과 엮여 있다"고 인정합니다. 대화의 초월은 단번에 이루어지는 초월이 아닌 까닭에, 이것은 풀기 어려운 실타래를 만들어 냅니다. 몇몇 가닥들은 다른 것들보다 **더 멀리** 가는 동시에 **덜 멀리** 가죠. 모든 건축술이 그렇듯, 객관적인 위상학은 선이나 면적, 부피, 각도, 모서리의 돌을 그리는 데 무력합니다. 그것은 단지 경계선을 구분하고 거리를 측정하는 것에만 헛되이 노력합니다. 어디까지 펼쳐져야 하는 것일까요? 언어보다 "더 멀리" 가는 것, 즉 사랑은 언어보다 "덜 멀리" 가기도 합니다.

그러나 이 모든 가닥들은 환대의 매듭을 이론의 여지없이 지나가죠. 그 가닥들은 이 매듭에서 묶이고 풀어집니다.

　　　　　아듀 레비나스

초월의 형이상학적 사건은, 즉 **타인의 맞아들임, 환대**, 또 욕망과
언어는, 사랑으로서 성취되지 않는다. 그러나 대화의 초월은 사
랑과 엮여 있다. 우리는 어떻게 해서 사랑에 의해 초월이, 언어보
다 **더 멀리** 나아가는 동시에 **덜 멀리** 나아가게 되는지를 보여줄
것이다.[39]

다른 한편으로, 우리는 이제 다음과 같은 환대의 엄격한 법
칙을 상기해보게 됩니다. 받아들이는 주인hôte(*host*), 초대되
거나 받아들여진 손님hôte(*guest*)을 맞아들이는 자, 스스로를
장소의 소유자로 생각하는 맞아들이는 주인은 사실, 자신이
소유한 집에 받아들여진 손님/주인hôte입니다. 그는 그가 제공
하는 환대를 자신이 소유한 집에서 받지요. 그는 그 환대를 자
신이 소유한 집**으로부터** 받습니다. 그 집은 근본적으로는 그에
게 속하지 않습니다. **주인***host*으로서의 주인hôte은 **손님***guest*
인 것이죠. 거주는 그 자신에게로, 본질 없는 자신의 "본질"에
게로 열립니다. "은신의 땅"으로서요. 맞아들이는 자는 먼저
자기 집에 맞아들여집니다. 초대하는 자는 자신이 초대한 자
에 의해 초대됩니다. 받아들이는 자는 받아들여지지요. 그는
자신이 소유한 집으로 여기는 것에서, 말하자면 자신이 소유

---

39 E. Lévinas, *Totalité et Infini*, p. 232. 강조는 데리다.

한 땅에서 환대를 받습니다. 이 법칙은 로젠츠바이크도 환기한 적이 있지요. 그는 본래적인 탈소유dépossession를 강조했습니다. 일종의 후퇴가 "소유자"를 자기에게 속한 것 자체로부터, 또 자기ipse를 자기성으로부터 떼어냄으로써, 그 자신의 집으로부터 통과의 장소를 혹은 셋집을 만들어낸다는 것이지요.

[……] 모든 다른 민족들과는 달리, [영원한 민족에게는] 자기 집에 있을 때조차 자신의 고향에 대한 충만하고 완전한 소유가 허용되지 않는다. 그 자신은 자신의 나라에 임시로 머무는 낯선 이일 따름이다. "나라는 내게 속한다"라고 신은 이 민족에게 말씀하신다. 땅의 성스러움은 그 땅을 그것의 통상적인 장악에서 끌어낸다. [……][40]

로젠츠바이크의 이 명제들과 레비나스의 명제들을 가깝게 연관짓는 것은 강제적이거나 인위적인 것으로 보일 수도 있을 겁니다. 그러나 나는 이 일이 필요하다고 생각하며, 적어도 암

---

40 Franz Rosenzweig, *L'etoile de la rédemption*, trad. A. Derczanski/J.-L. Schlegel, Seuil, 1982, p. 355(원래의 독일어본 *Der Stern der Erlösung*[Martinus Nijhoff, 1921]으로는 p. 317. 프랑스어 번역본과 약간 다른 부분이 있지만 번역은 데리다가 인용한 프랑스본을 따랐다──옮긴이). 레비나스도 「레위기」의 이 구절을 "L'étrangeté à l'être", *Humanisme de l'autre homme*, p. 97에서 인용한다. "어떤 땅도 최종적으로 소외되지 않을 것이다. 땅은 내게 속하기 때문이다. 너희는 내 땅에 사는 낯선 이에 지나지 않는다."

묵적으로는 계속 이런 일을 할 것입니다. 정주자를 자기 집에 받아들여진 손님(*guest*)으로 만들고 집주인을 세입자로 만들며 맞아들이는 주인hôte을 맞아들여진 손님hôte으로 만드는 이 신적인 법과, 다른 한편에서 "진정한 맞아들이는 자" "맞아들이는 자 그 자체"인 여성적 존재에 대한 이 대목을 접근시켜볼 겁니다. 레비나스는 맞아들이는 자 그 자체를 그런 식으로 규정하니까요. 아니, 맞아들이는 자l'accueillant라고 하기에 앞서 맞아들이는 **여성**l'accueillante[41]이라고(또 거기서 출발해서 맞아들임 그 자체가 일반적으로 알려진다고) 말해야 되겠지요. 집은 소유된 것이 아니라는 점을 강조할 필요가 있다고 판단하는 바로 그 순간에 말입니다. 적어도, 집이 소유된다는 것은 그 말의 매우 독특한 의미에서만, 즉 집이 이미 그 소유자를 환대하는 한에서만 그런 것이죠. 집의 주인은, "집안의 주인maître de céans"은 이미 **받아들여진 주인**hôte, 즉 **손님***guest*입니다. 자신이 소유한 집에 말이죠. 맞아들임의, 맞아들이다accueillir의, 또는 맞아들임 상태accueillance의 이 절대적 우선권, 이것은 바로 "여성"의 여성성, 여성성으로서의, 그리고 "여성적 타자성"으로서의 내면성일 거예요. 클로소프스키의 이야기 속에서처럼, 어떤 도착된 장면을 끌어들이는 것이 이 자리

41 accueillant은 '맞아들이다'라는 뜻의 동사 accueillir의 현재분사 형태이고, l'accueillante는 거기에 정관사와 여성형 어미 'e'를 붙인 형태다.——옮긴이

에 너무 충격적인 것은 아니라고 한다면, 집안의 주인은 자신이 초대한 자의 초대한 자가 되는 것이죠. 이건 무엇보다 여성이 거기 있기 때문이에요. 우리가 앞에서 말한 도착성의 경험, 제삼자를 요청함과 동시에 배제하는 그 경험을, 우리는 여기서 성적 차이와 끊을 수 없게 연결된 가운데 간취하게 되는 겁니다.

앞으로 인용할 몇 개의 구절은 하나 이상의 해석이 가능합니다. 이 부분은 조금 길게 설명해야 할 것 같군요. 하나의 접근 방식은, 내가 예전에 어느 텍스트(지금 거기로 돌아가지는 않겠습니다)에서 했던 것처럼,[42] 전통적이고 남성 중심적인 관

---

42 J. Derrida, "En ce moment même dans cet ouvrage me voici", *Textes pour Emmanuel Lévinas*, Place, 1980; *Psyché, Inventions de l'autre*, Galilée, 1987 에 재수록.
우리는 앞에서 레비나스가 한참 후에, 특히 1985년에 이 명제들의 논리로 다시 돌아온다고 말한 바 있다. "내가 『시간과 타자』라는 제목의 작은 책을 썼던 시기에, 나는 여성성이 타자성의 한 양태——'타자적 장르'——라고 생각했습니다. 또 성과 에로티즘은, 한 집합 속의 항들이 지닌 형식적 타자성으로 환원될 수 없는 타자에 대한 비-무관심성non-indifférence이라고 생각했지요. 오늘 나는 더 멀리 거슬러 올라갈 필요가 있다고 생각합니다. 타자의 얼굴이 드러내는 노출과 벌거벗음, 그리고 '정언명법의 요구'가 여성적인 것이 이미 전제하는 이 양태를 구성한다고 생각합니다. 이웃의 근접성은 형식적이지 않은 타자성입니다"(1985년 2월에 취리에서 아데트L. Adet와 애슐리만J.-Ch. Aeschlimann이 개최한 일주일간의 학회에서의 발언 기록). 그러나 이미 『존재와 달리 또는 존재성을 넘어』에서 레비나스는, 피부에 대한, 상처나 애무에 피부가 노출되는 것에 대한 새로운 현상학을 통해, "에로스 앞에 책임"을 놓고 있다.

점에서 여성에게 부여된 몇몇 특징들(사적 내면성, 비정치화, 레비나스가 "언어 없는 사회성"[43]이라고 말하는 사회적 친밀성 등등)을 인지해내고, 그 점을 우려하며 읽어나가는 독해가 될 겁니다. 반면 우리는 또 다른 독해를 시도해볼 수 있는데, 그건 논쟁적으로나 변증법적으로 첫번째 독해에, 또 레비나스에 대한 그 독해의 해석에 대립하지는 않을 겁니다.

이 다른 방향성에 자리를 내주기 전에, "진정으로 환대하는 맞아들임"에 대한, "진정한 맞아들이는 자"에 대한, "맞아들이는 자 그 자체"에 대한, 말하자면 "여성적 존재"에 대한 정의를 다시 보겠습니다 ─ 강조도 덧붙이지요.

소유를 정초하는 집은, 집이 거둬들이고 보관할 수 있는 이동 가능한 것들과 동일한 의미에서의 소유물은 아니다. 집이 소유되는 것은, 집이 이미 **그 소유자를 환대**하기 때문이다. 이것이 우리를 집의 본질적 내면성으로, 모든 **정주자**에 앞서 그 집에 정주하는 정주자로, **진정한 맞아들이는 자**로, **맞아들이는 자 그 자체**로, 즉 **여성적 존재**로 돌려보낸다.[44]

43 "사랑하는 이들이 향락 속에서 수립하는 관계는 [……] 사회적 관계와는 완전히 다르다. 이 관계는 제삼자를 배제하며, 친밀함에 머문다. 둘만의 고독으로, 닫힌 사회로, 전형적인 비-공적 관계로 머문다. 여성적인 것, 그것은 타자다. 그것은 사회에 반발하며, 둘이 이루는 사회의, 내밀한 사회의, 언어 없는 사회의 구성원이다"(E. Lévinas, *Totalité et Infini*, p. 242).
44 E. Lévinas, 같은 책, p. 131.

이 서술에 대한 다른 접근 방식은 더 이상 고전적인 남성 중심주의에 저항하지 않습니다. 그것은 정반대로, 이 텍스트로부터 일종의 여성주의적 선언을 만들어낼 수 있을 거예요. 이 텍스트는 여성성에서 출발해서 진정한 맞아들임을, 절대적 환대를 정의하니까요. 절대적으로 근원적인, 전-근원적이기까지 한 환대, 다시 말해 윤리의 전-윤리적인 근원, 다름 아닌 그것을 말이지요. 이 몸짓은 존재론으로부터 해방된 윤리 속에서 성적 차이를 고려하는 본질적이고 초경험론적인 근본성의 심부에까지 도달하게 될 겁니다. 그것은 맞아들임의 열림을 경험적 여성의 **사실**이 아닌 "**여성적 존재**"에 맡기는 데까지 나아갑니다. 맞아들임, 윤리의 무정부적/아르케 없는anarchique 근원은 "**여성성의 차원**"에 속하지, "여성의 성"을 지닌 인간 존재의 경험적 현존에 속하지 않습니다. 레비나스는 반대 의견을 예상하고 이렇게 말했으니까요.

여기서의 관건은 모든 집이 **실제로** 여성을 전제한다는 경험적 진리 또는 반-진리를 비웃음에 맞서 주장하는 일이 전혀 아니라는 점을 굳이 덧붙일 필요가 있을까? 여성적인 것은 이 책의 분석에서 내적 삶이 자리하는 지평의 주요한 지점들 중 하나로 마주치게 된 것이다. 그리고 "여성의 성"을 지닌 인간 존재가 없다는 경험적 사실은, 거주에 열려 있는 여성성의 차원에는 아무런

아듀 레비나스

변화도 주지 못한다. 이 여성성의 차원은 거주의 맞아들임 자체인 것이다.[45]

여기서 우리가 두 가지의 양립 불가능한 독해, 즉 남성 중심주의적 과장과 여성주의적 과장 사이에서 선택을 해야 할 필요가 있을까요? 윤리에 그러한 선택을 위한 자리가 있을까요? 정의에는 있을까요? 법에는요? 정치에는요? 이보다 덜 확실한 것은 아무것도 없을 겁니다. 이 양자택일 때문에 멈춰 있을 것이 아니라, 우리가 스케치하던 궤도로 다시 돌아오기 위해 다음과 같은 점만을 신경쓰도록 합시다. 우리가 이제 무엇에 대하여 말하든지 간에, 또 우리가 그것에 관해 무엇을 말하든지 간에, 맞아들임의 이 사유는 윤리의 열림에서 성적 차이의 표식을 가지고자 한다는 점을 침묵 속에서나마 기억하는 것이 좋을 것입니다. 성적 차이는 결코 사라지지 않을 겁니다. 절대적인, 절대적으로 근원적인, 이를테면 전-근원적인 맞아들임, 진정으로 맞아들인다는 것은 여성적입니다. 그것은 전유할 수 없는 자리에, 열린 "내면성"에 자리를 잡습니다. 그 내면성의 주인 또는 소유자가 먼저 환대를 받고 이어서 환대를 주고자 할 그런 내면성에 자리를 잡는 것이죠.

환대는 소유에 선행합니다. 그리고 그것은, 우리가 다시 돌

45 같은 곳.

아가 이야기하게 되겠지만, 이 환대는 법loi이라는 선물don의 자리-잡음에, 피난처와 토라Thora 사이의 매우 수수께끼 같은 관계에 영향을 미치게 되지요. 피난의 마을, 은신의 땅, 예루살렘과 시나이 사이의 관계에 말이지요.

아듀 레비나스

II

맞아들임의 사유가 지나온 그 모든 여정을 그의 텍스트를 꼼꼼하게 따라 읽으며 분석하는 것은 필요한 일이긴 합니다만, 지금 여기서 그 일을 할 수는 없습니다. 맞아들임의 사유는 도처에서, 레비나스의 어떤 표현이나 구절에 의해서는 물론이고, 여러 기억에 대한 충실함 안에서, 다양한 언어가 교차되는 가운데 새겨지는, 하나의 흔적을 스스로 따라가고 있어요.

우리는 그보다는 다소 온건한 작업을 하게 될 텐데요, "맞아들임"의 준-동의어라 할 "환대"라는 말이, 그 형태를 규정하거나 아마도 제한할 때, 우리가 예상할 수 있는 것은 무엇인지 살펴보기로 하지요. 그럼으로써 우리는 윤리 및 정치와 법 사이에 있는 장소들을, "문제로 탄생"하는 장소들을 지시할 수 있게 됩니다. 조금 전에 언급했듯, 이 장소에는 아마 "얼굴"과 "시나이"라는 이름을 부여하는 것이 적절할 겁니다. 이것은 오늘 우리의 연구에 제안된 이름이기도 합니다.

내가 앞에서 읽기를 중단했던 또는 우회했던 구절("그것[지향성, ~에 대한 의식]은 말에 대한 주의 또는 얼굴을 맞아들임, 환대이지 주제화가 아니다")을 다시 봅시다. 그 구절은 우리에게 어떤 등가의 고리를 제시하고 있어요. 그러나 이 이 명제에서 주어와 술어들의 연결이 하고 있는 일은 무엇일까요? 그것은 탈연관déliaison의 현상들을 묶어줍니다. 그것은 얼굴의 이 접근이—지향성 또는 맞아들임으로서, 다시 말해 환대로서—분리 자체로부터 분리될 수 없다는 것을 전제하지요. 환대는 "**근본적 분리**"를 타자의 타자성에 대한 경험으로서, 타자에 대한 관계로서 전제합니다. 레비나스가 "관계"라는 말 속에서 강조하고 벼려내는 의미로 말이지요. 즉 관계라는 말의 전달적férentiel, 지시적référentiel 범위 속에서, 또는 차라리 그가 때로 언급하듯, 그 말이 지닌 공경의déférentiel 범위 속에서요. 타자에 대한 관계는 공경입니다. 이러한 분리는 레비나스가 존재론에 맞세워 "형이상학métaphysique"을 윤리 또는 제일철학으로 재-명명할 때 거론하는 바로 그 분리지요. 이 형이상학은 환대의 경험인데, 왜냐하면 그것은 유한 속으로 무한의 관념이 돌입하도록 스스로를 개방하여 맞아들이기 때문이죠. 레비나스는 이렇게 환대라는 말의 도래를 정당화했지요. 그는 그 문턱을 마련해주었어요. "자연학 다음"이라는 뜻의 *meta ta physika*라는 어구passage는 무한으로 열리는 유한한 문턱

아듀 레비나스

의 환대를 지나갑니다passer. 그러나 형-이상학/자연학-다음 méta-physique이라는 이 어구/지나감passage은 자리를 갖지요. 그것은 자신을 지나가며 또 분리의 심연이나 초월을 통해 지나 갑니다.

우리는, 유한이 무한의 관념을 갖는 형이상학적 사유에—여기 서 근본적 분리가, 또 그와 동시에 타자와 맺는 관계가 스스로를 생산하는데—지향성, ~에 대한 의식이라는 용어를 남겨두었다. 그것은 말에 대한 주의 또는 얼굴을 맞아들임, 환대이지est 주제 화가 아니다.

이 명제들의 논리적 작동방식은 힘이 타원을 이루며 평화적 으로 작용하는 것 같은 모습을 거듭 보여줍니다. "이다est"라 는 술어적 계사는 특정한 분리의 법칙에 의해서만 개념들을 이어붙이고 연결합니다. 이 무한한 분리의 법칙 없이는, 그 이 름에 걸맞은 환대가 존재하지 않을 것입니다.

이것이 뜻하는 바는 무엇일까요? 신중하게 용어를 결정하 여, "유한이 무한의 관념을 갖는" 이 상황에 "형이상학"이라는 단어를 할당합니다. 그 결정은 단어의 사용을 "남겨둘" 권리 를 스스로에게 부여합니다("우리는, 유한이 무한의 관념을 갖 는 형이상학적 사유에 [……] 지향성, ~에 대한 의식이라는 용 어를 남겨두었다"). 그에 앞서, "스스로를 생산하는" 사건의 자기-생산을 결정하는 "동시에"의 공시共時; synchronie가 형이상학과 타자의 맞아들임, "근본적 분리"를 등치시킵니다("우리는, 유한이 무한의 관념을 갖는 형이상학적 사유에—여기서 근본적 분리가, 또 그와 **동시에** 타자와 맺는 관계가 스스로를 생산하는데—지향성, ~에 대한 의식이라는 용어를 남겨두었다." 물론 강조는 내가 한 것입니다). 뒤따르는 문장("그것은 말에 대한 주의 또는 얼굴을 맞아들임, 환대이지 주제화가 아니다")은 부드럽고 신중한 자세를 취하고 있는데요, 그럼에도 불구하고 몇몇 사람들은 이것을, 새로운 언어를 또는 낡은 단어의 새로운 사용을 창안해내려는 수행적 명령의 논리라고 해석할 겁니다. 이 문장은 환대에 열립니다. 평화 선언, 평화 체제의 선언과 다르지 않은 힘이 발휘되는 것이지요. 나중에 우리는 레비나스에게 평화의 사건이란 어떤 것인지를 자문해볼 것입니다.

계사의 역설적 사용("그것은 말에 대한 주의 또는 얼굴을 맞아들임, 환대이지 주제화가 아니다")은, 실체적인 여러 의미들 사이에, 근본적 분리의 공통된 탈연관에서 기인하는 것이 분명한 본질의 연결만을 설정해주는 것이 아닙니다. 이 계사는 뒤따르는 페이지에서 명백하게 "존재 너머에" 놓이게 될 것을 향하지요. 그래서 그러한 명제가 환대로서 평가하는 것은 지향성 또는 ~에 대한 의식만이 아니라—여기에 귀착하는 것은 "그것"의 문법과 뒤따라오는 동격들 모두인데요("그것은 말에 대한 주의 또는 얼굴을 맞아들임, 환대이지 주제화가 아니다")——형이상학 그 자체, 유한 속의 무한, 근본적인 분리, 타자와의 관계 등등이기도 합니다. 존재하는 것의 또는 아니 존재 너머로 그렇게 열리는 것의 존재성essance[46], 그것이 환대입니다.

혹자는 이로부터 거친 결론을, 더 이상 진정으로 레비나스의 것이 아닌 언어로 끌어낼 수 있을 것입니다. 환대는 무한하다고 또는 그렇지 않다고 말이죠. 환대는 무한의 관념, 따라서 무조건적인 것을 맞아들이는 데 적합합니다. 또 레비나스가 조금 뒤에 이야기하게 될 것처럼 "도덕은 철학의 한 분과가 아니라 제일철학이다"[47]라고 말할 수 있는 것은 환대의 열림에서 출발해서지요.

그런데 이 무한한, 따라서 무조건적 환대, 윤리의 열림에 즉

---

46 레비나스는 *Revue Philosophique de Louvain*, 66호(1968년 8월)에 실린 "La substitution"의 첫번째 판에서 한 번 'a'를 써서 이 말을 표기한 적이 있다(p. 491). 'essance'라는 단어는 *De Dieu qui vient à l'idée*, Vrin, 1982, p. 164에도 나온다('essance'라는 표현에 대해서는 『존재와 달리 또는 존재성을 넘어』의 일러두기에 나오는 다음의 언급을 참조할 수 있다. "이 논의를, 그리고 이 논의에 붙여진 제목을 이해하는 데 필수적인 그 사항은, 여기에서는 'essence'라는 용어가 존재자étant와 다른 존재être를 표현한다는 점이다. 독일어로는 'Seiendes'와 구별되는 'Sein'을, 라틴어로는 스콜라학파의 'ens'와 구별되는 'esse'를 나타낸다. 언어의 역사로 보면 'antia'나 'entia'에서 유래한 'ance'라는 접미사가 행위를 나타내는 명사형을 만들어주므로 'essance'라는 용어를 쓰는 것이 옳겠지만, 그렇게까지 하지는 않았다"——옮긴이).

47 E. Lévinas, *Totalité et Infini*, p. 281.

한 이 환대를 우리는 이미 결정된 정치적 실천이나 법률적 실천에서 어떻게 규정할까요? 거꾸로, 이 환대는 결정 가능한 법과 정치를 어떻게 규정할까요? 정치에, 법에, 정의에 자리를 줄까요? 그것들을 그 이름으로 그렇게 부르면서 말이죠. 이 단어들 아래 우리가 물려받는 개념들 중 어느 것도 여기에 들어맞지 않을 텐데요. 무한 관념이 내 유한함 속에 현전한다는 것으로부터, 의식은 환대이다라는 점을, **코기토**는 제공되거나 주어진 환대이다라는 점을 도출하는 것, 이것은 그토록 보무도 당당하게 행진했던 프랑스의 기사騎士도, 레비나스가 그토록 자주 그를 소환해냈음에도 불구하고, 그렇게 쉽게 건너가지 못했을 한 걸음이지요.[48]

지향성은 환대이기 때문에, 주제화에 저항합니다. 능동성 없는 행위, 수용성受容性인 이성, **받아들임**의 감성적이고 **또** 합리적인 경험, 맞아들임의 몸짓, 낯선 자인 타자에게 제공된 환영歡迎, 환대는 지향성으로서 열립니다. 그러나 그것은 대상이 되진 않지요. 대상이나 사물, 또는 주제가 되지는 않습니다. 반면에 주제화 그것은 이미 환대를, 맞아들임을, 지향성을, 얼굴을

---

48 여기서 언급되는 프랑스의 기사는 물론 데카르트다. 영어번역본은 역주를 통해 여기서 데리다가 샤를 페기의 다음과 같은 구절을 염두에 두고 있다고 소개하고 있다. "사유의 역사에서 데카르트는 그토록 보무도 당당하게 나아갔던 프랑스의 기사로 항상 남을 것이다"("Note conjointe sur M. Descartes et la philosophie cartésienne", *Charles Péguy: Oeuvres en Prose*, Paris, Pléiade, 1961, p. 1359).—옮긴이

전제하지요. 문을 닫힘, 냉대inhospitalité, 전쟁, 알레르기는, 이미 자신들의 가능성으로서, 제공되거나 받아들여진 환대를 함축합니다. 근원적인, 더 정확히 말해 전-근원적인 평화의 선언을요. 칸트의 유산──곧 이 문제로 돌아올 겁니다──과 매우 복잡하게 얽힌 논리 관계 속에서, 윤리적이고 근원적(근원적이지만 자연적인 것은 아니죠. 전-근원적이고 아르케 없는 평화라고 하는 편이 낫겠지요) 평화를, 레비나스에 의하면, "영원한 평화"로부터, 보편적이고 세계-**정치적인**cosmo-*politique* 환대로부터, 따라서 정치적이고 법률적인 환대로부터 구분짓는 것은, 바로 이 엄청난 특징들 중의 하나일 겁니다. 이 보편적 환대에 대해서, 칸트는 그것이 호전적인 자연 상태를 중지시키기 위해, 현행적이거나 잠재적인 싸움밖에 모르는 자연과 단절하기 위해 설립되어야 한다고 주장하죠. 칸트에 따르면, 보편적 환대가 평화로서 설립되어 자연적 적대를 끝장내야 한다는 겁니다. 레비나스에게서는 그 반대죠. 알레르기 그 자체가, 얼굴의 거부 또는 망각이, 그 이차적 부정성을 평화의 바탕 위에 기입하게 됩니다. 정치적 질서에 속하지 않는, 적어도 단순히 정치적 공간에 속하지 않는 환대의 바탕 위에 말이죠. 아마 여기에 칸트의 평화 개념과의 두번째 차이가 있을 겁니다. 칸트의 평화 개념은 겉보기에 법률적이고 정치적이죠. 국가들 사이의, 그리고 공화국 제도와 상관관계가 있습니다. 반면에 레비나스는 「정치는 이후에!」[49]의 마지막에서 "평화는 순수하게 정치적인 사유를 넘어서는 개념이다"라는 시사를 내놓지요("시사 suggestion"는 레비나스가 쓴 말입니다. 「정치는 이후에!」의 거의 마지막 단어예요). 이것은 『전체성과 무한』의 「서문」을 여는 평화 선언에 대한, 멀지만 충실한 메아리인 셈이죠. 그 선언은 이렇습니다. "평화에 대해서는 오직 종말론이 있을 뿐이다."

"전쟁과 평화"에 대한 짧은 논문 격인 이 서문은, 예언자적 종말론 개념을 철학적 명증이나 역사의 지평, 혹은 역사의 종말에서 벗어나게 해줍니다. 그것에 대해 종말론만이 있을 뿐인 평화는

전쟁이 드러내는 객관적인 역사 속에서 이 전쟁의 종말 또는 역사의 종말로 자리 잡게 되지 않는다.[50]

이 몇몇 지시적 준거들을 잠정적으로 접어둡시다. 그것들은, 칸트와 레비나스의 작업, 『영원한 평화를 위하여』의 칸트와, 레비나스의 환대의 사유에서 빚어지는 윤리적인 것, 법률적인 것, 정치적인 것들 사이의 문제가 얼마나 놀랍도록 복잡한지를 보여주기 위해, 다소 멀리서 끌어온 것입니다.

지향성은 환대이다라고 레비나스는 그렇게 문자 그대로 말

49 E. Lévinas, *L'Au-delà du verset*, 1982, p. 228.
50 E. Lévinas, *Totalité et Infini*, p. XII.

합니다. 이 계사의 힘은 환대를 아주 멀리까지 이르게 합니다. 우리가 결정적으로 그리고 비결정적으로, 환대라고 부를 수 있는 것에 경계선을 긋는 경험을 여기서든 혹은 저기서든 만들어내는—혹은 만들어내지 않는—그런 지향적인 경험은 존재하지 않습니다. 그렇지 않지요. 지향성은 그 자신의 문턱으로부터, 가장 일반적인 구조 속에, 환대로서, 얼굴의 맞아들임으로서, 환대의 윤리로서, 그러니까 윤리 일반으로서, 스스로를 여는 것입니다. 왜냐하면 환대는 윤리의 한 영역이 아니기 때문이죠. 이를테면, 우리가 나중에 다룰 겁니다만, 법이나 정치의 어떤 문제를 일컫는 이름이 아니기 때문이에요. 환대는 윤리성 자체, 윤리의 전부고 원칙이니까요. 환대가 스스로를 경계짓거나 연역해내지 않는다고 해봅시다. 환대가 지향적 경험 모두를 근원적으로 통과시킨다고 해봅시다. 그럴 때, 환대는 반대되는 것을 갖지 않습니다. 알레르기, 거부, 외국인 혐오 등의 현상, 심지어 전쟁조차, 레비나스가 명시적으로 환대에 부여하거나 결합시키는 것 모두를 여전히 드러냅니다. 내가 보기에 레비나스는 이 점을 강조했지요. 아주 정확하게는 기억나지 않습니다만, 한 인터뷰에서 레비나스는 이렇게 말했어요. 아무리 못된 사형집행인이라도 자신이 파괴하는 바로 그것을 증언한다고요. 그것을 구해내지는 못할지라도, 자신에게서든 타자에게서든 그가 파괴하는 것을, 이를테면 얼굴을 증언하는 것이지요. 원하든 원치 않든, 사람들이 알든 모르든, 적대는 여전히 환대를 입증합니다. "근본적 분리"를, "타자와의 관계"를, "지향성"을, "~에 대한 의식"을, "말에 대한 주의나 얼굴의 맞아들임"을 입증하지요.

달리 말해, 환대라 불리는 얼굴의 이 맞아들임 이전에는, 또 이 맞아들임 없이는, 지향성이란 존재하지 않습니다. 그리고 얼굴의 맞아들임도 대화 없이는, 정의인 대화, "얼굴에 대해 행해진 맞아들임의 올곧음"인 이 대화 없이는 존재하지 않지요. 『전체성과 무한』의 마지막 부분의 구절에서는 이를 다음과 같이 적고 있어요.

언어의 본질은 선함이다. 또한 [……] 언어의 본질은 우정이고 환대다.[51]

마찬가지로, 우리는 지향성의 현상학으로 해명하지 않고서는 환대에 대해 아무것도 이해할 수 없을 겁니다. 그렇지만 이 현상학은 주제화가 필요한 바로 그곳에서 주제화를 거부하는 현상학이죠. 여기에 환대의 윤리학이 현상학에 도입하는 변화가, 도약이, 근본적이지만 신중하고 역설적인 이질성이 있습니다. 레비나스는 또한 그것을 독특한 중단으로, 현상학 그 자체의 중지 또는 **에포케**로 해석합니다. 현상학적 **에포케**보다 한층

---

51   E. Lévinas, *Totalité et Infini*, p. 282.

아듀 레비나스

더한, 더 이른 에포케로 말이죠.

사람들은 이 중단을 근본적 분리, 다시 말해 환대의 조건을 도입하는 중지와 관계지으려 할 수 있을 겁니다. 윤리적 담론 discours이 현상학의 안-에, 현상학의 안-팎에 표식을 남기는 중지란 어떤 타자로서의 중지가 아니니까요. 이 중지를 현상학은 그-자신에게 스스로 부과합니다. 현상학은 **그-자신이 스스로를 중지시키는** 것이죠. 자기에 의한 자기의 이 중지는, 만일 그러한 것이 가능하다면, 사유가 떠맡을 수 있고 또 떠맡아야 합니다. 이것이 윤리적 담론이죠. 그리고 그것은 또한, 주제화의 한계로서, 환대입니다. 환대, 그것은 자기의 중지가 아닐까요?

(현상학이 그-자신에 의해 중지된 특정한 경우를 이미 후설에게서 발견할 수 있습니다. 후설은 사실 그것이 윤리적으로 필연적이라고 인정하지는 않았지만요. 이런 경우는 근원적 직관의 원칙들의 원칙이나 직접, 즉 "몸소" 현시함의 원칙들의 원칙을 포기해야 했을 때 일어나죠. **데카르트적 성찰**에서 타자의 주체, 다른 자아alter ego의 주체에 관해서 그렇게 해야 했을 때 말입니다. 이런 주체는 간접현시의 유비에 의해서가 아니면 다루어질 수 없고, 그래서 근본적으로 분리된 것으로 머물며, 본래의 지각에는 접근할 수 없으니까요. 이것은 후설의 현상학에 대해서나, 타인의 초월성에 관한 레비나스의 담론에 대해서나, 전혀 사소한 부분이 아닙니다. 레비나스의 담론은 나름의

방식으로 이 중지를 또한 물려받고 있는 것이죠. 여기서 타자에 대해 말해지는 것은, 우리가 다른 곳에서 강조했듯이, 시간화temporalisation의 운동으로서의 타자성과 분리되지 않습니다. 요컨대, 책제목을 따와 요약해서 말하자면 "시간과 타자"인 것입니다).

"그-자신이 스스로를 중지시킨다"라는 말과, 타자로서의 자기에 의한 자기의 중지라는 말이 무슨 뜻인지 이해하지 못한다면, 환대에 대해 아무것도 이해하지 못할 겁니다. 「근접성」[52]의 한 주석은 "현상학이 그에 고유한 중지를 나타내기 위해 의존하는 윤리의 언어"에 대해 분명히 언급하고 있습니다. 이 윤리적 언어는 "그 서술의 표면에 달라붙어 있는 윤리적 개입에서 비롯하지 않는다. 윤리의 언어는 지식과 대조되는 다가감의 의미 그 자체다"라고 말입니다.

중지는 명령에 의한 것처럼 현상학에 부과되지 않아요. 중지는 현상학적 서술 과정 그 자체에서 **스스로를 생산**합니다. 자신의 운동에, 자신의 스타일과 자기 고유의 규범에 충실한 지향적 분석에 따라서 말이죠. 중지는 윤리의 이름으로, 자기에 의한 자기의 중지로서 **스스로를 결정**합니다. 이렇게 그 자신이 스스로를 자신의 고유한 필요에, 자신의 고유한 법칙에 이르게

---

52 E. Lévinas, "La proximité", *Archives de Philosophie*, T. 34, Cahier 3, juil.-sept. 1971, p. 388; *Autrement qu'être ou au-delà de l'essence*, p. 120에 재수록.

하는 현상학에 의한 자기 중지, 바로 여기서 이 법칙은 자신에게 주제화를 중지하도록 명령하지요. 다시 말해, 자기에 대한 충실성에 의해 자기에게 충실하지 못하도록 명령하는 겁니다. 레비나스가 항상 내세웠던 "지향적 분석에 대한" 충실성[53]에 의해서요. 충실하지 못하도록 하는 이 충실성이란, ~에 대한 의식을 환대로서 존중하는 것입니다.

레비나스 자신은 이러한 자기 중지를 일종의 "역설"로 여기지요. 이것은 스스로를 현시하는 얼굴의 "수수께끼" 외에는 다른 어떤 것도 나타내지 않습니다. 이렇게도 말할 수 있을 겁니다. 거기서 얼굴은 신중함/분별discrétion로 후퇴한 채, "영광"의 빛에 저항하는 것은 아니라고 하더라도, "탈은폐와 현현에 저항"한다고요. 이렇듯, 환대의 최초의 순간에, 찢겨지거나 고양된 것이라기보다는 중지된 것으로 드러난 것, 그것은 은폐와 진리의 형상입니다. 이것은 계시로, 탈은폐로 또는 은폐/탈은폐voilement/dévoilement로조차 여겨지지요. 「근접성」의 이 주석은 사실 "흔적으로서의 얼굴"에 대한 분석에 의해 요청된 것이었지요. 흔적으로서의 얼굴은 "내 책임 아래서 그의 고유한 부재를 가리키"며, 또 "윤리의 언어 속으로만 흘러드는 서술을 요구"합니다.

---

53   예를 들어 E. Lévinas, *Autrement qu'être ou au-delà de l'essence*, p. 230 참조.

현상학의 이 윤리적 언어는 규정을 기술하는데, 거기서 이 규정이 기술될 수 있는 것은 이미 규정을 하면서, 여전히 규정을 하면서일 따름이에요. 우리는 언제나 현상학적 담론을 규정으로서, 또 동시에 그 규정의 사태로부터 중립적인 기술로서 해석할 수 있을 겁니다. 이런 중립화는 언제나 가능한 것으로, 또 두려운 것으로 남아 있죠. 이것은 의심할 바 없이, 레비나스가 중립화나 중립성을 비판할 때마다 지적했던 위험들 중의 하나입니다. 그는 이 중립성을 하이데거 탓으로 돌리지요. 또 묘하게도 블랑쇼가 그 점을 "부각시키는 데 공헌"[54]했다고 치하하죠.

레비나스는 환대를 얼굴의 형이상학에 합치시키는 일련의 분석적 명제들을 전개하면서 주체의 주체성을 재정의해나갑니다. 그 과정에서 맞아들임, 정주, 집 등을 거명하지요. 이미 앞에서 『전체성과 무한』이 이 모티브들을 다루었다는 것을[55] 우

---

54 E. Lévinas, *Totalité et Infini*, p. 274. "우리는 이렇게 중립자의 철학과, 즉 하이데거의 존재자의 존재와 [······] 단절했다고 확신한다. 블랑쇼의 비판적 작업은 하이데거의 존재자의 존재가 갖는 비인격적 중립성을 부각시키는 데 공헌했다."

블랑쇼의 저작에서 끊임없이 사용되고 있는 것과 같은 중립자의 사유는 레비나스가 여기서 중립자로 이해하고 있는 바로는 결코 환원되지 않는다. 그렇기에 여기에는 광범위하고 심오한 과제가 열린 채 남아 있다. 레비나스 자신도 한참 뒤에, 다름 아닌 중립자와 그저 있음*Il y a*이라는 주제와 관련해서 이 점을 지적했다. "모리스 블랑쇼의 저작과 사상은 동시에 두 방향으로 해석된다"(*Maurice Blanchot*, Éd. Fata Morgana, 1975, p. 50). 그렇다, 최소한 두 방향으로.

리는 기억합니다. **거주**라는 제목 아래, "대자pour soi" 너머의 "자기 집"에 대해, "은신의 땅"에 대해, 그리고 무엇보다도 여성적인 것에 대해 다루고 있지요. 즉 **"여성적 타자성"**, 진정한 맞아들임, 여성적 얼굴의 안온함, 자연적이거나 동물적인 것이 전혀 아닌 침묵의 분별 속에서 말이 없는 여성적 언어 등등에 대해서 말이죠.

맞아들임의 범주가 어디서든 처음-이전의 열림을 규정한다고 해도, 이것은 결코 규정되지 않은 공간의 형상으로 환원되지 않습니다. 현상성에 대한 어떤 구멍이나 열림으로도(예를 들어 하이데거적 의미에서 개시開示; Erschliessung, 개시성開示性; Erschlossenheit, 또는 열려 있음Offenheit으로도) 환원되지 않아요. 맞아들임은 정향定向합니다. 타자를 향한 문과 문턱

---

55   p. 129. 이 분석들은 "에로스의 현상학"이라는 장에서 아주 흥미로우면서도 문제를 제기하는 방식으로 발전된다. "시간과 타자"라는 제목으로 모아진 1946~47년의 강연들이 그 준비였다. 우리가 강조했다시피, 거기서 성의 차이는 "이러저러한 특수한 차이" 너머에서 "형식적 구조"로서 분석된다. "모순" 또는 "보완적 두 항이 빚어내는 이중성" 너머에서 그것은 "파르메니데스에 의해 선언된 존재의 통일성에 맞서, 다른 하나의 의미에서 현실을 재단하며, 다양한 것으로서 현실의 가능성 자체를 조건짓는다."(pp. 77~78; 번역본:『시간과 타자』, 강영안 옮김, 문예출판사, p. 104.) 여성성은 스스로를 숨기는 운명을, "빛 앞에서의 도피"와 "부끄러움"의 운명을 지니고 있다. 그래서 여성성은 타자성 속에서 은폐/탈은폐에, 즉 진리의 특정한 결정에 저항하는 모든 것을 재현한다. 그것은 사실 타자성 자체다. "타자성은 여성적인 것 안에서 성취된다"(pp. 79~81[번역본: pp. 105~107]).

의 열림[56]의 장소*topos*를 향하지요. 그것은 그 장소를 타자로서의 타자에게 제공하는데, 거기서 이 타자의 "타자로서의"는 현상성을, 더욱이 주제화를 피해 가지요. 맞아들임이라는 어휘, 즉 "맞아들임"이라는 명사와 "맞아들인다"라는 동사는 곳곳에 예외적으로 자주 등장하며 이 책의 열쇠를 제공해주고 있어요. 예를 들어 "결론"에는 이런 구절이 나옵니다. "나는 타인을 맞아들이는 가운데, 내 자유가 스스로를 종속시키는 지고함*Très-Haut*을 맞아들인다."[57]

자유의 종속은 분명히 주체*subjectum*의 종속을 의미하지만, 주체에게 주체의 탄생과 그렇게 질서지어진 자유를 주는 ─그것을 박탈하는 대신─ 복종을 의미하기도 합니다. 문제가 되는 것은 물론 주체화죠. 그건 의심할 바 없어요. 그러나 내면화라는 의미에서는 아닙니다. 차라리 주체가 지고함으로서의 전

---

56 "열림은 여러 의미로 이해될 수 있다"라고 레비나스는 「주체성과 상처받기 쉬움Subjectivité et vulnérabilité」에서도 쓰고 있다(E. Lévinas, *Humanisme de l'autre homme*, p. 92). 첫번째 의미에서 그 중심은 한 대상이 다른 모든 대상에 열리는 것에 있다(칸트에서 경험의 세번째 유추 참조). 두번째 의미는 지향성 또는 탈-존ek-sisitence(후설과 하이데거)의 탈아extase에 중점을 둔다. "세번째 의미"가 레비나스에게 한층 더 중요하다. 그것은 "노출된 피부의 벌거벗김" "드러날 수 있는 모든 것 너머에서 모욕과 상처에 제공된 피부의 상처받기 쉬움"이며, 또한 "적의 접근에 열린 공공연한 도시처럼 열린" 것이기도 하다. 무조건적 환대는 이런 상처받기 쉬움일 것이다. 수동적이고 노출된, 그리고 떠맡아진 상처입기 쉬움일 것이다.

57 E. Lévinas, *Totalité et Infini*, p. 276.

아듀 레비나스

적인-타자를 맞아들이는 운동 속에서 그 주체가 자기에게로 온다는 의미에서죠. 이 종속은 질서를 부여하고 주체의 주체성을 줍니다. 타인을 맞아들이는 가운데 지고함을 맞아들인다는 것, 이것이 주체화 자체예요. 우리가 독해를 시작했던 그 문장("그것은 말에 대한 주의 또는 얼굴을 맞아들임, 환대이지 주제화가 아니다")은 일종의 정리 또는 정의를 내리는 명제 속에서 결론으로 모아집니다. 그것은 주체성을 환대로서, 부정이 없는, 따라서 배제가 없는 분리로서 재정의하는 것으로 끝을 맺지요. 윤리적 긍정 속에서 이루어지는 탈연관에 대한 아포리즘적 에너지로서 말이죠.

그것["자기 집에서의" 자기의식]은 이렇게 분리를 긍정적으로 성취한다. 자기의식이 자신이 분리되어 나오는 존재에 대한 부정으로 귀착되지 않는다. 오히려, 다름 아닌 분리를 통해 자기의식은 그 존재를 맞아들일 수 있다. 주체는 주인이다.[58]

주체: 주인. 내 생각엔 이 놀라운 방정식에는, 몇 년 뒤에 「대신함La substitution」과, 뒤이은 『존재와 달리 또는 존재성을 넘어』에 등장하게 될 다른 정식과 공명하고, 화음을 내고, 보조를 맞추려는 술수가 전혀 없습니다. 그 두번째 정식의 문장도

58 같은 책, p. 276.

간결하고 밀도 있으며 아포리즘적이지만, "주체는 주인이다"라고 말하지 않고, 이제 "주체는 볼모다"[59]라고 해요. 또 조금 뒤에는 "자기성은 [……] 볼모다"라고 하지요.

이것들은 같은 것으로 귀착하나요? 타자에 대한 관계에서 말입니다. 이 두 명제는 동일한, 주체의 주체성을 말하는 것일까요?

더 이상 "주인"-임이 아닌, 주체의 이 "볼모"-임은 의심할 바 없이, 주체에 뒤늦게 우연히 찾아오는 속성이나 사건이 아니지요. 주인-임처럼, 볼모-임은 주체의 주체성, "타인에 대한 책임"으로서의 주체성이죠.

타인에 대한 책임은 주체에게 일어나는 우연한 사건이 아니라 주체에게서 존재성에 앞서는 것이다. 이 책임은 타인을 위한 참여가 행해지게 될 자유를 기다리지 않았다. 나는 아무 짓도 하지 않았으나, 언제나 소송 중에 있었다. 즉, 박해당하고 있었다. 자기성은, 동일성의 아르케 없는 그 수동성 속에서, 볼모다. 나라는 말은 내가 여기 있습니다*me voici*를 의미한다. 그것은 모든 것과 모든 사람에게 응답한다.[60]

59 E. Lévinas, *Autrement qu'être ou au-delà de l'essence*, p. 142.
60 같은 책, p. 145 그리고 p. 150, 164, 179, 201, 212 등도 참조하라.

110   아듀 레비나스

그러니까 "주체는 볼모다"라는 공식이 하는 일은 무엇일까요? 그것은 대신함*substitution*의 논리의 앞부분에서 끊어 읽음을, 강하게 쉬어 읽음을 나타냅니다. 볼모, 그것은 우선, 대신함의 가능성을 견뎌내는 단일성을 지닌 누군가죠. 그는 이 대신함을 겪습니다. 거기에는 복종하는 주체, 타자들에 대한 책임 속에서 스스로를 나타내는("내가 여기 있습니다") 바로 그 순간에 내맡겨진 주체가 있지요. 그러므로 대신함은 우리가 『전체성과 무한』에서 다룬 "종속"(예속sujétion, 복종, 주체화 속에서 주체를 구성하는 것)의 역할을 하는 것이죠. 이 대신함은, 개념과 어휘의 새로운 구도와 새로운 단어들 또는 새로운 특징으로 각인된 단어들(상처받기 쉬움, 외상traumatisme, 정신병psychose, 고발accusation, 박해, 강박 등등)과 분리될 수 없는 채로, 『전체성과 무한』의 도약과 "논리"를 앞으로 밀고 나갑니다. 내가 보기에는 매우 연속적인 방식으로요. 그러나 또한 지향성의 우위를 더욱 심각하게 몰아내게 되지요. 어쨌든 이 지향성의 우위를 "의지"나 "능동성"의 우위와 다시 연결지어줄 법한 것을 몰아내게 됩니다. 그리고 우리가 보았듯이 제삼자의 삼자성이 정의가 "필요한" 그 순간에 언제나 문제의 탄생을 나타낸다고 한다면, 이 "문제"라는 단어는 이제 볼모의 상황에 적용됩니다. 주체는 그것이 "문제"인 한에서보다는 "문제에 *en question*" 처한 한에서 볼모인 것이죠. 주체의 고발, 주체의 박해, 주체의 강박, 주체의 "박해하는 강박", 그것은 주체의 "문제-에-[처해] 있음etre-en-question"입니다. 질문하는 자나 질문받는 자로 있음이 아니라 문제-에-있음인 거죠. 거기서 그것은 **소송당한 자신을 발견한다**se trouver mis en cause고 말할 수 있을 거예요. 거기서 주체는 수동적으로 **자신을 발견합니다.** 게다가 반론을 당하고, 심문당하며, 고발당하고, 박해받으며, **소송당한** 자신을 발견하지요. 그러므로 우리는 정주의 이 다른 방식, 맞아들이는 또는 맞아들여지는 이 다른 방식을, 그러나 근본적으로 동일한 운명으로서 생각할 필요가 있습니다. 주인hôte은 그가 문제에 처한 주체인 한에서 볼모예요. 그가 자리를 잡은 그 장소에서, 강박당하고(따라서 포위당하고), 박해받는 한에서요. 거기서 이민자, 추방된 자, 낯선 자, 언제나 손님hôte인 그는 거처를 선택하기에 앞서 거처에 선택당한 자신을 발견합니다.

주체의 주체성은 책임 또는 문제-에-있음이다. 그것은 뺨을 때리는 자에게 내미는 뺨에서처럼[61] 공격에 완전히 노출된 것이다. 대

---

61 「예레미아 애가」(3장 3절)의 한 대목에 대한 이 인유引喩는 다른 곳에서도 나타난다. 기독교식 재해석에 대한, 비장하고 고행스러운, 말하자면 피학적인 활용에 대한 조심스러운 이의제기 속에서 나타난다. "상처받기 쉬움은 형식이나 충격을 받아들이는 수동성 이상(또는 이하)이다. [······] '그는 그를 때리는 자에게 뺨을 내밀거나 수치를 실컷 맛본다.' 예언적 텍스트는 놀랍게도 이렇게 말한다. 그것은 고통이나 창피를 일부러 추구함으로써(다른 쪽 뺨을 내미는 것) 개입하지 않는다. 그것이 시사하는 것은 괴로움을 처음에 겪을 때, 괴로움을 겪음인 그런 겪음에

화에 앞선, 질문과 응답의 교환에 앞선 책임 [……] **자기-자신**에서의 박해의 회귀는 따라서 지향성으로 환원될 수 없다. 지향성에서는 그 관조적 운동의 중립성에서조차 의지가 자신을 긍정한다. [……] 타자들에-대한-책임 안에서의 자기의 회귀는, 즉 박해받는 사로잡힘은, 지향성과 반대로 나아간다. 그래서 타자들을 위한 책임은 결코 이타적 의지를 의미할 수 없다. [……] 어떤 준거의 **체계**로도 되돌아가지 않은 채, 또 태만함 없이는 타자의 소환을 회피할 수 없는 가운데, 한 정체성이 유일한 것으로 개별화하는 것은, 사로잡힘의—또는 육화한—수동성 속에서다. [……] 모두의 고발 아래서 모두를 위한 책임은 대신함까지 나아간다. 주체는 볼모다.[62]

우리는 여기서 어원학적으로는 아니더라도 의미론적 친숙함에서 벗어난 애매한 구역으로 옮겨가고 있습니다. **주인***hôte*과 **볼모***otage* 사이로, 주인으로서의 주체와 볼모로서의 주체(또는 자기성) 사이로 말이지요. 우리는 볼모라는 말이, 누군가를 대신하여 **담보***gage*로 권력의 자리에 또 지배자의 처분

서 견디기 어렵고 가혹한 동의가 이루어진다는 점이다. 그런 동의는 수동성을 부추긴다. 이상하게도 수동성에 반하여 수동성을 부추긴다. 그래서 그런 수동성은 힘을 갖지도 의도를 갖지도 못한다. 그것이 성립하는 것은 좋아서도 싫어서도 아니다"(E. Lévinas, "Subjectivité et vulnérabilité", *Humanisme de l'autre homme*, p. 93).

62　E. Lévinas, *Autrement qu'être ou au-delà de l'essence*, p. 142.

에 맡겨지거나 받아들여진 손님hôte을 뜻한다고 이해할 수 있어요. 또 우리는 포위 공격의obsidional 상황에서 출발해서 obsidium이나 obsidatus(볼모나 포로의 조건)라는 말을 이해하기도 합니다. 어떻든 이 두 계통에 의해 대신함의 담보("모두의 고발" "모두에 대한 책임")를 찾아내는 것은 가능합니다. 다시 말해, 레비나스가 이 동일한 윤리의 두 형태, 즉 소유 없는 환대와 볼모의 "박해받는 강박" 사이에 개척해놓은 통로를 찾아낼 수 있다는 것이죠. 오래전부터 레비나스 담론의 중심에 있는 자기성ipséité[63]이라는 용어를 환대의 의미론과 묶어주는 계보학이 여기서 입증됩니다. 환대의 의미론에서 [손님/주인을 뜻하는] hospes는 hosti-pet-s로서, 즉 손님의 주인으로서 이해되지요. 거기서는 자기-자신의, 지배의, 소유와 권력의 의미작용이 촘촘한 그물망으로 얽혀 있어요. 우리가 이미 환기했던 [적을 뜻하는] hostis의 적대hostilité 부근에서 말입니다.

---

63 나는 여기서 다시 한 번 방브니스트의 분석(그의 책『인도유럽어족 어휘Le vocabulaire des institutions indo-européennes』에서 환대를 다루고 있는 장)에 힘입고 있다. 그의 분석은 우리가 당분간은 보류할 수밖에 없는 독해와 여러 질문들을 불러낼 것이다.

Ⅲ

이 만만찮은 난점들의 바탕에, 우리는 오늘 이 자리에서, 적어도 세 가지 유형의 문제가 등장하는 것을 볼 수 있습니다. 우리는 다만 그 유형들을 배치해볼 것이고 거기에 매우 불균등한 분석을 가해볼 거예요. 그것은 유형들 간의 불균등이자, 그 초점들에 대한 불균등이기도 합니다.

1. 우선 수년에 걸쳐 이루어진 도정道程의 문제가 있습니다. S는 P다의 형식으로 주체를 간단하고도 명시적으로 정의하는 두 정의, 즉 "주체는 주인이다"와 "주체는 볼모다" 사이의 도정 말이지요. 두 단정적 명제에서 주어는 여전히 주체로 머물러 있어요. 논리적으로 또 역사적으로 이 도정은 일종의 등식을 나타내는 것일까요? 아니면 그것은, 『전체성과 무한』이후 이미 존재론적 전통을 환대의 윤리에, 맞아들임의 현상학적 분

석에, 얼굴의 높이에 종속시켰던 주체 개념을 변형시키면서 전위시킨 것일까요?

2. 이 도정을 통하여, 주체-주인에 볼모-임이 할당되는 가운데 맞아들임은 어떤 변화를 겪은 걸까요? 여기서 하나의 연쇄를 이루는 온갖 개념들(자신의 책임에 부여된 대체 불가능한 것의 대신함, "박해의 제한 없는 대격對格" "이미 타자들을 대신하는 자기, 볼모"[64] "대명사 Se ─우리의 라틴어 문법책들은 이 대명사의 주격을 '모른다'─의 의미작용",[65] 차용과 약속 이전의 빚, 자유 없는 책임, 외상外傷, 강박, 박해, 희생의 환원 불가능성 등등 ─ 달리 말해 맞아들임에서의 대격의 법칙)과 더불어 말이지요.

이러한 "전환retournement" ─ 이것은 레비나스의 용어로, 윤리의 운동을, 윤리의 관계를 서술합니다 ─ 은 맞아들임의 층위에 선행할 유사-계기의 층위를 출현하게 하지 않을까요? 이 맞아들임이 지금까지는 근원적인 것 또는 전-근원적인 것으로까지 등장할 수 있었는데 말입니다. 그런데 이 "전환"의 가설과, [레비나스가] 같은 몇 년간 사용하게 되는 선출élection 개념이나 정치적인 것의 개념 사이에는 어떤 관계가 성립하나요?

---

64 E. Lévinas, *Autrement qu'être ou au-delà de l'essence*, p. 151.
65 같은 책, p. 143.

이 두번째 질문을 여기서 살펴볼 수는 없겠지만, 질문을 질문으로 남겨놓기 위해,『존재와 달리 또는 존재성을 넘어』의 「대신함」 부분에서 두 가지 전거를 들어볼까 합니다.

A. 첫번째 전거는 선출을 언급합니다. 이 선출은 이상하고 의미심장할 뿐 아니라 절대적으로 예외적이게도, 맞아들임에, 그러니까 주체가 무엇인가를 위해, 특히 선이나 좋음에 유보해놓을 수 있었던 그 맞아들임에 **선행합니다**. 선출적 소환 assignation은 나를 선행하면서, 또 맞아들이는 나의 능력을 그 소환에 순응케 하면서 나를 선택합니다. 그것은 확실히 우리가『전체성과 무한』에서 읽었던 바와 모순되지 않습니다. 거기서 맞아들임은 그 자신 너머에서 맞아들입니다. 사실, 자신이 맞아들일 수 있는 것보다 언제나 더 많은 것을 받아들여야 하지요. 그러나 여기, 책임의 소환에서, 볼모의 선출은 더욱 "근원적으로"(실은, 언제나처럼, 근원보다 더 근원적으로) 보일 뿐 아니라, 폭력적으로 보입니다. 진정 외상外傷을 주는 것으로요. 아마 주인의 맞아들임과 환대의 때로 위무적慰撫的인 어휘가 느끼게 할 수 있는 것보다 더 그럴 겁니다. 그렇기에 레비나스는 다음과 같이 말하지요. 하지만 이것은 하나의 예일 뿐입니다.

선의 비-무차별성 안에서의 **차이**. 선은 **내가 선을 맞아들이기도 전에 나를 선출한다**[강조는 데리다]. 이것은 선의 **삼자성**을 보존

하여 이 삼자성이 분석에서 배제되도록 한다. 단, 삼자성이 말 속
에 남기는 흔적, 혹은 데카르트의 제3성찰에서 분명히 증언하는
바에 의하면 입증된 사유 속의 **"객관적 실재"**는 예외다. 타인을
위한 책임 속에서 나le moi——이미 자기이고 이미 이웃에 사로잡
힌——는 유일하고 대체 불가능하다는 사실, 이것이 나의 선출을
확증해준다.[66]

66 같은 책, p. 158. 앞선 페이지는 유일한 주체의 선출과 책임의 관계에 대한 이
문제에 긍정적으로 답한다. 유일하면서 대체 불가능한 이 주체는, 대신함에 따르는
한에서 역설적이다. "그 선은 볼모의 책임 속에서 알아볼 수 있는 선출의 주체를 선
출하지 않았는가? 주체는 이 책임에 바쳐지며, 스스로를 기만하지 않고는 이 책임
을 피할 수 없다. 또 이 책임에 의해 주체는 유일한 것이 된다." 이 상황에 대한 분
석에서 레비나스는 절대적 **늦음**retard을 고려하고 있다. 이 늦음은 현전하는 것 또
는 이전의 잘못을 제시하는 것의 권위를 폐기해버린다. 그것은 자유를 제한하지만
도덕적 주체의 책임(예컨대, 자신이 "전혀 의도하지 않았던" 악에 대해 책임을 질
수 있는 욥의 책임)은 제한하지 않는다. 또 이 늦음은 볼모의 이 논리를 소아적 자
발성이나 전-비판적 자발성보다 더 오래된 예, "비판에 대한 노출"로서의 예의 무
조건성에 매달아놓는다.
데카르트는 이미 『전체성과 무한』에서 증인 역할로 출두를 요청받는다("세번째
성찰의 의심의 여지가 없는 증언"). 정확히 말해, 생각하는 자아ego cogito를 재기
입해야 하는 순간에서다. 이 자아는 자신의 선출에 예속된 주체, 첫번째 예에 종속
적으로 예라고 응답해야 할 책임이 있는 주체다. 우리가 앞에서 말했던 것처럼, 이
첫번째 부름은, 비록 그것이 첫번째 것이라 해도, 모든 예가 그렇듯이 이미 응답인
것이다. "의심을 통해 나타나는 부정성 속의 자아는 참여와 단절하지만, 코기토 속
에서 혼자 힘으로 멈출 곳을 발견하는 것은 아니다. 예라고 말할 수 있는 것은 내가
아니라 타자다. 타자로부터 긍정이 나온다. 타자가 경험의 시초인 것이다. 데카르
트는 확실성을 추구하지만 이 현기증 나는 하강의 첫번째 단계의 변화에서 멈추어
버린다. [……] 무한의 관념을 가진다는 것, 이것은 이미 타인을 맞아들인다는 것
을 뜻한다"(p. 66). 타자의 이 예를 맞아들였다는 것, 분리 속에서, 달리 말해 무한

다시 한 번 "삼자성"입니다. 문제의 출현이지요. 제삼자와 정의의 출현이고요. 이것은 **때로는** 대면의 중지를, **때로는** 대면 속에서의 얼굴의 초월 자체를, **당신**vous의 조건을, 이웃의 근접성 속에서의 **나-너**je-tu의 단절을(그러므로 특정한 여성성의 단절을, "여성적 타자성"의 특정한 경험의 단절을) 가리키지요. 그러나 이 두 번의 "때로는"은 양자택일을 뜻하지도, 연속성을 뜻하지도 않습니다. 두 가지 운동은 이 두 번의 "때로는"보다 더 일찍 경합하고 있습니다. 그 운동들은 기다리지 않습니다. 서로 기다리지 않지요. 이미 『전체성과 무한』에서 레비나스가 이 "제삼자의 현전"과 정의의 문제를 알아차리고 있었다는 점을 강조할 필요가 있어요. **최초의 순간부터요.** 얼굴로부터, 대

의 신성함 속에서 이 무한에 인사한다는 것, 이것은 아-듀à-Dieu의 경험이다. 아듀는 죽음을 기다리지 않는다. 그것은 타자와의 관계 속에서 부르고 응답하며 인사한다. 타자가 존재하지 않는 한에서, 타자가 존재 너머로부터 부르는 한에서 그렇다. 존재 너머의 신에게로à Dieu. 이 경우, 신앙의 예는 특정한 무신론과, 또는 적어도 (존재 너머의) 신의 **비실존**에 대한 **특정한** 사유와 양립할 수 없는 것이 아니다. 우리는 나중에 레비나스가 이 아-듀라는 말을 끌어가는 용법을 살펴볼 것이다. 아-듀의 경험은 말없는 것으로 남아 있을 수 있지만, 결코 부정할 수 없는 것이다. 우리가 여기서 말을 하는 것은—나지막이 말을 할 때조차—그 경험 속에서다. 그 경험으로 우리는 되돌아올 것이다. 무한히 어려운 그 사유로 말이다. 레비나스는 프랑스어 안에서 프랑스어의 관용어를 수단과 종착점으로 삼아 이 사유에 예외적인 기회를, 드문 구조를 부여했다. 독특하고도 동시에 오래된 것 이상의, 막 시작하는, 그리고 대체 불가능한 단어로 말이다. 물론 이 말을 여러 구절로 옮길 수는 있을 것이다. 그러나 그렇게 해서는 어리석은 수다에 노출되고 만다.

면의 문턱 위에서의 얼굴로부터라고 할 수도 있을 겁니다. "제 삼자는 타인의 눈 속에서 나를 응시한다. 언어는 정의다. 먼저 얼굴이 있고, 그 뒤에 얼굴이 표명하거나 표현하는 존재가 정의를 염려하게 되는 것이 아니다. [……] 예언적 말은 본질적으로 얼굴의 현현에 응답한다. [……] 얼굴이 제삼자의 현전을 증언하는 한에서의 얼굴의 현현."[67]

이렇게 우리가 불가능한 가능적인 것(아포리아 또는 심연)을 향하게 되는 것과 더불어, 양자택일 없는 이 경합은 여기서 우리를 포위하는 모든 문제들을 과잉결정합니다surdéterminer. "너의 깊은 곳의 그Il au fond de Tu"라는 경합, 레비나스는 결국 이 공식에서 세 층위들이 서로 합치하게 하지요. 그 층위들은 우리가 끊임없이 함께 맞아들여야 할, 또는 같은 것으로 거둬들여야 할 층위입니다. 그래요, 같은 것으로서의 전혀 다른

---

67 E. Lévinas, *Totalité et Infini*, p. 188. 제삼자의 문제는 『전체성과 무한』에 등장하는 데 그치지 않고, 발전해나가는 모습을 보여준다. 그런 까닭에 레비나스가 한 인터뷰에서 다음과 같이 양보를 한 듯 보이는 것에 약간 놀라움을 느낄 수도 있을 것이다. 제삼자와 정의에 관하여 레비나스는 『전체성과 무한』이 아직 적절한 분석을 하지 못했다고 인정하는 것 같다. "～'정의'라는 말은 타인과의 관계보다는 제삼자와의 관계에 더 잘 적용됩니다. 그런데 실제로 타인과의 관계는 결코 타인과의 관계만이 아니에요. 이미 타인에게는 제삼자가 재현되어 있어요. 타인의 출현 자체 속에서 이미 제삼자가 나를 응시하지요. [……] 당신의 구분은 어쨌든 정당합니다. [……] 『전체성과 무한』에서 사용된 존재론적 언어는 최종적인 언어가 전혀 아니에요. 『전체성과 무한』에서의 언어는 존재론적입니다. 심리학적 서술을 피하려다 보니 그렇게 되었지요."(E. Lévinas, *De Dieu qui vient à l'idée*, Vrin, pp. 132~133).

것, 동일한 그, 분리된 자죠. 즉, 삼인칭으로서의 **그의 삼자성**
("너의 깊은 곳의 그"), **성스러움**, 그리고 **분리**입니다.

손댈 수 없는, 욕망할 수 있는 것은 그것이 불러내는 욕망의 관계
로부터 분리된다. 그리고 바로 이 분리 또는 성스러움에 의해 그
것은 삼인칭으로 남는다. 너의 깊은 곳의 그로.[68]

이 사슬의 그물코나 고리들은 그 귀결의 모든 힘을 다해 단
절 또는 번역의 이 지점, 즉 "윤리"를 향합니다. "윤리"라는 말
은 분리된 것의 성스러움(*kadosh*)에 대한 히브리 담론을 부득
이하게 그리스어로 옮긴 대략적인 등가물에 불과합니다. 무엇
보다도 신성함sacralité이란 단어와 혼동하지 않도록이요. 그러
나 어떤 언어로 이것이 아직 가능할까요? 분리된 성스러움의
무한한 초월에 인사를 해야 하고, 분리의 순간에, 그러니까 도
래의 반대가 아닌 출발의 순간에 예라고 말해야 하는, 그럴 때
성립하는 분리된 것의 맞아들임, 맞아들이면서 스스로를 분리
하는 자의 운동, 이것은 아-듀의 숨을 들이쉬는 이 공경恭敬이
아닐까요?
　B. 두번째의 문헌적 전거에 따를 때 우리는 이러한 "전환"이
또한 의미할 수 있는 것에, 즉 정치적인 것에 대한 윤리의 과잉

68　E. Lévinas, *De Dieu qui vient à l'idée*, p. 114.

에, "정치적인 것 너머의 윤리"에 주의를 돌릴 수 있습니다. 그 경우 「대신함」의 다른 대목에 나오는 "너머"는 무엇을 의미할까요? 이 대목은 우리가 앞서 "역설"에 대해 주목했던 바를, 즉 자기의 중지를, 현상학에서의 자기의 중지를 다시 취하고 있어요. 자기 속에서 자기를 떠나는 그 순간에 스스로를 포착하는 동시에 중지시키는 현상학 그 자체에 의해서 말이죠. 정치적인 것 너머의 윤리, 여기에 역설적 전환이 있습니다. 그 속에서 현상학은 그렇게 "던져진" 것으로 자신을 발견하게 되지요.

현상학은 접근을 기술하는 가운데 주제화를 아르케-없음으로 전환하는 길을 따를 수 있다[여기서 거론되는 접근은 타자를 또는 이웃으로서의 얼굴을 맞아들이는 경험입니다]. 윤리적 언어는 현상학이 느닷없이 내던져져 있는 역설을 표현하기에 이른다. **왜냐하면 정치적인 것 너머의 윤리는 이 전환의 지평에 있기 때문이다.** 접근에서부터 기술할 때, 이웃은 얼굴에 명령을 하는 어떤 후퇴의 흔적을 담는다.[69]

"[……] 얼굴에 명령을 하는 어떤 후퇴의 흔적 [……]." 이 후퇴는 시간 그 자체의 결합을 풀어놓습니다. 이 후퇴가 오직 시간 속에서, 흐르는 재현의 시간 속에서 생산된다면, 그것은 다

---

69 E. Lévinas, *Autrement qu'être ou au-delà de l'essence*, p. 155.

아듀 레비나스

만 현재의 현전을, 즉 지금-현재, 과거-현재 또는 현재-미래를 변형하게 되겠지요. 그러나 여기서 이 후퇴는, 얼굴의 이 흔적은, 현전과 시간적 재현의 질서를 탈구시켜버립니다. 환대의 어휘로 번역되어, 얼굴의 이 흔적은 **방문함**_visitation_이라고 불립니다("얼굴은 그 자체로 방문함이고 초월이다"[70]). 이 방문함의 흔적은 분산시키고 **흐트러뜨리죠.** 마치 기대치 않은, 뜻밖의, 두려운 방문_visite_으로부터, 기다림 너머에서 기다려진 방문으로부터 도달하는 것처럼, 아마도 메시아적 방문처럼 말이죠. 그러나 그 이유는 우선 방문함의 과거_passé_가, 주인의 "자취_passée_"가 이전 일의 모든 재현을 초과하기 때문입니다. 그것은 결코 지나간 현재의 기억에 속하지 않지요.

얼굴이 빛나는 것은 타자의 흔적 속에서다. 거기에 현전하는 것은 내 삶으로부터 사면되는_s'absoudre_ 중에 있으며 이미 절-대_ab-solu_[71]로서 나를 방문한다. 누군가가 이미 지나갔다. 그의 흔적은

---

70   E. Lévinas, "La trace", _Humanisme de l'autre homme_, p. 63.
71   자크 롤랑은 레비나스의 『신, 죽음 그리고 시간』의 '편집자 후기'에서 'absolu'에 대해 이렇게 설명하고 있다. "절대라는 말은 풀어주다라는 뜻을 가진 라틴어 absolvere에서 온 것이다. 즉 그것은 자신을 언제나 포섭하려는 것에서 벗어나거나 거기서 풀려난다는 것을 뜻한다. 절-대ab-solu는 철학적 '신'의 히브리이름인 카도시kadosh와 짝을 이룬다. 카도시는 성스러운 것이기도 하고 분리된 것이기도 하다"(에마뉘엘 레비나스, 『신, 죽음 그리고 시간』, 자크 롤랑 엮음, 김도형 외 옮김, 그린비, 2013, p. 360).──옮긴이

그의 과거를 의미하지 않는다. 또 그것은 그의 노동이나 세상에서의 향유를 의미하지 않는다. 그것은 피할 수 없는 중력gravité으로 각인되는s'imprimant(혹자는 눌러새겨지는se gravant이라고 말하고 싶을 것이다) 흐트러뜨림 자체이다.

[……] 지나간 신은 얼굴이 그 이미지가 될 모델이 아니다. 신의 이미지에 존재한다는 것은 신의 아이콘이 된다는 뜻이 아니라, 신의 흔적에서 스스로를 발견한다는 뜻이다. 우리 유대-기독교의 정신성에서 계시된 신은 그 부재의 무한을 모두 간직한다. 이 부재는 인격적 "질서" 자체에 존재한다. 「출애굽기」 33장에서처럼, 신은 신의 흔적에 의해서만 스스로를 드러낸다.[72]

계시, 그러니까 방문함으로서의 계시, "우리 유대-기독교의 정신성"에 공통된 것일 장소로부터의 계시. 이 장소, 「출애굽기」 33장에 대한 이 언급이 우리를 데려가는 이 장소를 시나이Sinaï라고 명명해볼까요? 우리가 짐짓 전제했던 것처럼, 방문과 방문함이라는 이 단어들과 함께, 타자의 이 흔적을 환대의 어휘로 번역하는 것이 여기서 중요한 일일까요? 반대로, 현상학과 환대의 가능성을 방문함의 이 자취로 데려와서 우선 그것을 재-번역해야 하지 않을까요? 환대는 방문함의 예상할 수 없고 저항할 수 없는 중지를 비록 부수적 순간의 간격을 두고

72　E. Lévinas, "La trace", *Humanisme de l'autre homme*, p. 63.

서나마 **뒤따르지** 않을까요? 그리고 이 거꾸로의 번역이 그것의 한계를, 최초의 것의 한계 자체를 발견하게 해주지 않을까요? 거기서 필요한 건, 말하자면, 어떤 자리에 이르는 것이죠. 지나간 방문함이, 타자의 흔적이 지나가는 자리, 이미 문턱을 지나간 그런 자리 말입니다. 방문함도, 환대도, 맞아들임도 기대하지 않으면서요. 이 방문은 초대에 응답하지 않아요. 그것은 주인hôte과 손님hôte의 모든 대화적 관계를 넘쳐흐르죠. 그것은 언제나 그 관계를 넘쳐났던 것이 **분명합니다**. 외상外傷을 주는 이 방문의 불법침입은 우리가 평온하게 환대라고 부르는 것에, 또 이미 혼란스럽고 도착적인 모습으로 나타났음에도 우리가 환대의 법칙들이라고 부르는 것에 선행했음이 분명해요.

3. 끝으로, 이 마지막 전거의 도약 속에는 또 다른 문제가 있습니다. 레비나스의 사유 속에서 윤리와 환대의 정치 또는 볼모의 정치 사이에 놓인 수수께끼 같은 관계의 문제가 있어요. 그리고 그 문제는 바로 이 장소에, 즉 시나이가, 또는 시나이의 이름이, 또는 "시나이"라는 이름이 가져다놓은 바가 여러 분산된 시간에 속하는, 여러 층위에 속하는 이 장소에 있습니다. 이 시간들과 층위들을 공시화共時化하거나 심지어 어떤 거대한 연대기에 배열하지 않은 채 **함께** 사유하는 것이 아마 우리의 소임일 것입니다.

한때, 이미 **한때**라고 하기도 어렵고 내적 파열 없이는 이야기의 동질성을 기하기도 어려운 한때에, 시나이(의) 이름은 물론, 토라가 주어진 자리, 메시아의 성유聖油가 바쳐진 자리, 계약의 궤櫃의 자리, 신의 손으로 쓴 계명이 새겨진 석판들의 자리를 의미하지 않을 수 없었습니다. 또 그것은 신이 목이 뻣뻣한 인간들을 벌하고 그 악에 대해 다시 생각하며 내려준 석판들을 (첫번째 단절 또는 중지를), 부서진 석판들을(다른 중지를), 신이 그 영광의 길에서 자신의 얼굴을 직접 보는 것을 금하면서 어떤 의미로든 그의 현현을 다시 막은 다음에 새롭게 새겨진 석판들을, 갱신된 약속의 자리를, 그리고 모세의 얼굴이 가려지고 드러남을 뜻하지 않을 수 없었지요. 그만큼의 자기의 중지가, 그만큼의 역사 속의 비연속성이, 그만큼의 통상적 시간 흐름의 단절이, 그만큼의 휴지休止──그럼에도 이것은 역사의 역사성 자체인데요──가 있었던 것입니다.

그러나 오늘날의 시나이는 또한, 항상 이스라엘의 독특한 역사와 관련 속에 있는, 현대성modernité의 이름이기도 합니다. 시나이, 그 시나이le Sinaï. 그것은 이스라엘과 다른 나라들 사이의 경계에 대한 환유죠. 전쟁과 평화의 전선과 경계입니다. 윤리, 메시아적인 것, 종말론적인 것 그리고 정치적인 것 사이의 이행을 생각하게 하는 도발이지요. 인류와 민족-국가의 역사에서, 모든 볼모들──즉 이방인, 이민자(허가증이 있건 없건), 추방된 자, 망명자, 고향이 없는 자, 무국적자, 이주자 또는 이주민(이 개념들은 모두 신중하게 구별해야 합니다)──은 오

　　　　　아듀 레비나스

늘날 전 대륙에 걸쳐 전례 없는 박해의 잔혹함에 노출되어 있는 듯합니다. 레비나스는 이 폭력과 이 비참에 끊임없이 눈을 돌렸어요. 이런저런 방식으로, 거기에 대해 직접적으로 언급할 때나 그렇지 않을 때나 말이에요.

이제 여기서, 시나이와 환대를 동시에 거론하는 한 대목에 어떤 특권을 부여하는 것을 허락해주시길 바랍니다.『민족들의 시간에À l'heure des nations』(1988)라는 표제가 붙은 탈무드 강의에 나오는 대목으로, "민족들과 이스라엘의 현존"이라는 장章에 실려 있는데, 소제목은 "민족들과 메시아적 시간"입니다. 레비나스는『유월 강론Traité Pessa'him』(118b)에 인용된「시편」을 주해하기 시작한 다음, 엄격하고 창의적으로, 또 그의 전매특허인 "어려운 자유"를 통해 거기에 다가가고 난 다음, 물음을 하나 던집니다. 그는 이 물음이 열려 있고 유보된 질문처럼 보이게 합니다. 마치 공기 중에 떠가게 하려는 것처럼요. 이때 레비나스는 이 물음이 여러 가닥의 실로, 거의 보이지 않지만 질긴 실로 묶여 있음을 알지요. 여기엔 분별 있는 논증이, 그러나 온갖 증거들이 따르지요. 문제의 질문은 간신히 한 문장을 이룹니다. 그것은 동사가 없는 한 명제예요. 물음표가 뒤따르는 몇몇 단어들의 시간이죠.

묻고자 또 알고자 하는 호기심, 사변思辨과 같은 호기심, 수줍고 동시에 도발적인 가설이 오는 것을 보고자 하는 호기심, 어쩌면 그 생략의 신중함 속에서 비밀스럽고도 짓궂게 기쁨을 느끼는 이 호기심이 담긴 염려를 나는 과잉해석하지 않으렵니다. 그것은 몇 개의 단어로 이루어져 있어요.

시나이 이전의 토라의 인식?*Une reconnaissance de la Thora d'avant Sinaï?*

첫번째 해석의 모험을 해봅시다. 사건 **이전**에 법칙의 인식이 있을까요? 그러니까, 위치지을 수 있는 사건 **바깥**에, 유일하게 정해진 날짜와 장소에서 일어난, 토라가 한 민족에게 주어진 일 이전에, 법칙의 인식이 있을까요? 그러한 **인식**이 있을까요? 그것은 가능하고 생각할 수 있는 일일까요? 모든 계시 이전에? 시나이라는 이름, 장소, 사건이 아무것도 의미하지 않는 인민이나 민족에 의한 토라의 인식이? 또는 그런 것들이 이스라엘에 대해서나 이스라엘 말이 명명하는 것에 대해서 의미하는 바는 아무것도 없는 것일까요? 요컨대, 제삼자들에 의한 토라의 인식이 있을까요? 대신함의 놀이—여기선 독특한 것이 독특한 것으로 대체되죠—를 따르는 제삼자들에 의한 인식이?

이렇게 얽힌 문제의 구도를 나는 재삼 남용하고 싶진 않습니다. 그 쟁점이 매우 심각한 것이라 해도 말입니다. 그러나 이 얽힘은 물론 환대의 시련이죠. 모든 계시 너머의 환대가 문제니까요. 레비나스에게 중요한 것은 이스라엘의 선출을 문제 삼는 것이 아닙니다. 이스라엘의 단일성을, 또 무엇보다 그 보편

아듀 레비나스

적 범례성을 문제 삼는 것이 아니에요. 반대로 보편적 메시지를 인식하는 것이 관건이죠. 이 보편적 메시지에 대해, 이스라엘은 법칙이 주어지는 자리와 사건 이전에, 또는 그것과 독립해서 책임을 가집니다. 그 법칙이란 사건의 독특성 밖으로 뿌리가 벗어나 있는 인간의 보편성, 인간적 환대죠. 여기서 독특한 사건이란 경험적인 것이 될 것이고, 또는 기껏해야 우의적인 것이 되겠죠. 앞으로 그 의미를 명확히 할 필요가 있는, 그 말의 제한된 의미에서만 아마 "정치적"인 것이라 할 수 있을 것입니다.

그러나 이 물음 또는 이 해석적 사변에서 끌어내야 할 교훈, 이 교훈의 교훈은 다시 이스라엘이 자신의 윤리에서 끌어내야 할 교훈이 될 겁니다. 나는 아직은 감히 그 윤리에서 환대의 메시아적 정치를 말하지 않겠습니다. 물론 이 대목에서 이스라엘이 첫째로 이름하는 것이 현대의 이스라엘 민족, 이스라엘이라는 이름을 지닌, 그 이름을 부여받거나 취한 민족은 아닙니다.

하지만 이 텍스트에서 이스라엘이라는 이름이 또 다른 어떤 것을 이름하지도 않는 까닭에, 이 지정된 이름들의 역사적이고 정치적인 공간은 열린 채로 남아 있습니다.

더 정확하게 하기 위해, 확실히 보다 참을성 있는 독해를 요구하는 본문의 아주 일부를 재구성해봅시다. 인용된 「시편」은 의심의 여지없이 환대의 무대와 의례를 묘사하고 있습니다.

그는 그에게 다시 다른 것을 말하였다. "이집트는 미래에 메시아에게 선물을 가져다줄 것이다. 그는 그들로부터 그것을 받아서는 안 된다고 생각했다. 그러나 성스러운 이가—축복 받으소서—메시아에게 말하였다. 그들로부터 그것을 받으라. [결국] 그들은 우리의 아이들을 이집트에 **유숙하게**[강조는 데리다] 하였다." 곧 "중요한 인물들이 이집트로부터 도착하리라"(「시편」68장 32절. 인용 마침).[73]

이 마지막 단어들("중요한 인물들이 이집트로부터 도착하리라")을 보면 우리는 몇 년 전에 레비나스가 사다트의 예루살렘 여행을 "사다트의 위대함과 중대함"이라고, "예외적 사건"이고 "역사를 뛰어넘는 사건"이라고 부르면서 찬양했던 방식을 생각하지 않을 수 없습니다. 그는 이 여행을 "누구도 하지 않은, 그리고 누구도 한 생애에 두 번 할 수는 없는"[74] 여행이라고 덧붙였지요.

그런데 이 부분을 인용한 후에 레비나스는 **형제애**_fraternité_, **인류애**_humanité_, **환대**_hospitalité_라는 세 개념의 동등함을 해석하는 데로 향합니다. 이 세 개념은 시나이 **이전의** 또는 시나이 바깥의 토라에 대한 경험과 메시아적 시간에 대한 경험을 규

---

73 E. Lévinas, _À l'heure des nations_, Minuit, 1988, p. 112.
74 같은 책, p. 226.

정해줍니다. 또 "토라의 담지자 또는 전달자라는 자격으로" 행세하지 않을 사람들에 대해서조차 이 점은 마찬가지입니다.

여기서 알려지는 것은 아마, 사람들이 구조적 또는 **선험적**a priori이라고 말할 법한 메시아성일 겁니다. 이것은 비역사적인 것이 아니라 역사성에 고유한 메시아성이지만, 여기에는 특수하고 경험적으로 결정되는 구현incarnation이 없습니다. 계시가 없습니다. 또는 주어진 계시의 날짜가 없지요. 제가 시도한 이러한 가설이 레비나스의 것이 아닌 것은 맞습니다. 그는 이런 식의 가설을 세우지는 않았어요. 하지만 제 가설이 레비나스의 방향을 추구해 나아가려는——아마 그를 다시 가로지르기 위해——것도 맞습니다. 언젠가 그가 말했던 "교차의 심장부"로 말이죠.

그래서 이 세 개념은 다음과 같은 것이 될 겁니다.

1. **형제애**의 개념(이것은 이 탈무드 강의에서 이어지는 부분 전체에 등장합니다. 사실 이 개념은 명백하게 레비나스 저작 전체의 중심을 이룹니다. 나는 다른 곳에서[75] 형제애의 특정한

---

75 일반적으로 형제애에 관해, 그러나 특히 형제애에 대한 레비나스의 사유에 관해서(J. Derrida, *Politique de l'amitié*, Galilée, 1994, p. 338을 보라). 여기서 레비나스가 다시 만나는 이는, 다른 누구보다도 "덕 이론"과 "윤리학의 기초적 이론"(『도덕 형이상학*Die Metaphysik der Sitten*』의 소제목——옮긴이)의 칸트다. 거기서 나는 긴 분석을 시도했는데(같은 책, pp. 283~294), "우정을 형제애로서 규정하는 것은 따라서, 우리에게 윤리에 관해 본질적인 어떤 것을 말해준다"고 주

형태가 지배적인 사태에 대해 내가 우려하고 있음을 말하려한 적이 있어요. 바로 여성성과 맺는 특정한 관계 속에서 그랬습니다. 하지만 여기서는 그것 때문에 멈추진 않겠습니다. 지금의 주제는 아니니까요).

2. 인류애의 개념, 정확히는 **형제애**로서의 인류애(이웃의 형제애, 기본적이고 편재하는 함의, 그리스적인 동시에 성서적인 근원을 갖는, 지울 수 없을 것 같은 근원을 갖는 모티브. 이 형

장했다.

칸트: "여기서 모든 인간은 형제로서, 모두의 행복을 바라는 보편적인 하나의 아버지 아래 놓인다."

레비나스: "인간적인 것의 지위 자체는 형제애와 인간 유類라는 발상을 함축한다. [……] 다른 한편으로, 인간의 형제애는, 마치 유의 공통성은 충분히 가깝지 않다는 듯이, 아버지의 공통성을 함축한다"(E. Lévinas, *Totalité et Infini*, p. 189).

가족을 넘어 정의와 정치의 질서에 이르기까지 이 형제애의 운명을 뒤쫓기 위해서는, 레비나스가 환기하며 지나가는 바를, 즉 단일성과의 불-일치를, 그러니까 자기와의 불-일치를 고려할 필요가 있다. 그것은 평등의 침입이고, 따라서 이미 제삼자의 침입이다. "절대적으로 낯선 자로서 나를 응시하는 얼굴과 마주하는 나의 책임—얼굴의 현현은 이 두 계기와 일치하는데—이 형제애의 근원적 사태를 구성한다. 아버지됨은 인과성이 아니다. 그것은 아버지의 단일성과 일치하고 또 일치하지 않는 어떤 단일성의 수립이다. 이 불-일치는 구체적으로 형제라는 나의 처지에서 성립하며, 내 곁에 다른 단일성들을 함축한다. 그래서 나로서의 나의 단일성은 존재의 충족성과 나의 부분성을, 즉 얼굴로서의 타자와 마주하고 있는 나의 처지를 한꺼번에 보여준다. 이러한 얼굴의 맞아들임 속에서 [……] 평등이 수립된다. 우리는 평등을 얼굴의 맞아들임으로부터 떼어놓을 수 없다. 평등은 얼굴의 한 계기다"(같은 곳).

아듀 레비나스

제애의 등가물은 다른 누구보다도 칸트에게서 찾을 수 있습니다. 유대적인 것보다는 기독교적인 지평에서요).

3. 환대의 개념, 칸트가 『영원한 평화를 위하여』에서 보편적 환대에 대한 세계정치적 권리에 관해 말한 것보다 훨씬 근본적인 가치를 지니는 환대의 개념. 여기서 세계-정치적cosmo-politique이라는 것은 오직 정치적이고 법률적이라는 것, 국가적이고 시민적이라는 것을(언제나 시민성에 의해 규율됨을) 뜻합니다.

그러나 이 세번째 개념, 환대, 은신처, 유숙지(이 세 단어는 개방된 거주지에서 유숙시킴을 이야기하기 위해 같은 페이지에 나타납니다), 레비나스가 다시 "낯선 이에게 제공된 자리"

또한 한참 뒤에 나오는 "초월과 번식성", 그리고 특히 "자식됨과 아버지됨"에 나오는 분석의 전개를 따라가볼 필요가 있다. 거기서 자식됨은 무엇보다도 오직 "아버지-자식 관계"로서 규정된다. 그것은 다시 평등을 선출에 새겨넣는다. "아버지의 아들들 각각은 단일한 아들, 선출된 아들" [……] "유일한unique 아이다." "형제애는 나의 선출과 평등이 동시에 성취되는 얼굴과의 관계 자체." 이어서 "제삼자"의 연역과 "가족의 구조 그 자체를 감싸는" 사회적-정치적인 "우리"의 연역이 뒤따른다(같은 책, pp. 255~257). 또한 E. Lévinas, *Autrement qu'être ou au-delà de l'essence*의 p. 179, 194 등 기타 여러 곳을 참조하라. "[……] 인류의 형제애―자신의-형제에-대한-보호―속에 새겨진, 타자에-대해-책임지는-일자 속에 새겨진, 타자를-위한-일자의 구조." 여기서 이것은 "플라톤에게는 이해할 수 없는" 것으로 남을 것이며, "그의 아버지 파르메니데스에 대한 살해로 이끌어갈 수밖에 없을 것이다." "인간 유의 단일성은 정확히 말해 형제애 이후인 것이다"(같은 책, p. 211).

라고 부르는 것은 그에 더해 이 세 개념, 형제애, 인류애, 환대를 함께 모으고 받아들이는 형태를 지닌 도식이지요. 타자 또는 얼굴을 이웃으로서 또 낯선 자로서 맞아들이는 것, 낯선 자, 인간 그리고 형제**로서의** 이웃으로서 맞아들이는 것이죠. 강론의 인용에 뒤따르는 주해는 이 세 개념을 초-민족적인 또는 보편적인(**세계정치적**이라고 말하지 맙시다) 환대의 도식에 따라 연결짓습니다.

랍비 요세Yossé의 두번째 가르침은 그 아들 랍비 이스마엘 Yichmaël에게 전승되고 그에 의해 랍비Rabbi에게 전달되었고 랍 카하나rab Kahana에 의해 선포되었다. 민족들은 메시아의 시대에 참여하리라![레비나스의 느낌표. 레비나스의 느낌표에 대해, 이 구두점이 철학 텍스트의 핵심을 전달한다는 사실이 갖는 의미를, 문법을, 수사법을, 윤리를, 실용성을 연구할 필요가 있습니다. 가끔 느낌표에 앞서는 "경이merveille"라는 말에 대해서도 요]. 이것은 유대주의가 담지하는 인간적 메시지의 궁극적 가치에 대한 인식, 「시편」 117장의 성구聖句들을 증언하거나 요청하는 인식이다. 민족들의 역사는 이미 어떤 면에서는 영원한 자가 이스라엘에서 이룩한 이 영광, 이스라엘 역사에 대한 [그 민족들의] 참여가 아니었는가? 그것은 다른 인간에 대한, 낯선 자에 대한 민족적 연대의 열림으로 평가된다. 시나이 이전의 토라의 인식? 이 문제들에 대한 검토는 모두, 직접 인용하지 않더라도, 「신명기」 23장 8절의 다음의 성구를 참조한다. "너는 에돔 사람을 미워하지 말라. 그는 네 형제이니라. 애굽 사람을 미워하지 말라. 네가 그의 땅에서 객이 되었음이니라." 형제애. 그러나 이것은 무엇을 의미하는가? 성서에 따르면 그것은 인류애의 동의어가 아닌가? 그리고 환대. 이것들은 한 인간이 타자에게 갖는, 자신의 타자성 속에서 그를 부인하는 타자에게 갖는 두려움보다 더 강하지 않은가? 이것들은 이미 "신의 말씀"에 대한 기억을 일깨우지 않는가?[76]

"이미 '신의 말씀'에 대한 기억"이라는 이 마지막 말이 분명히 시사하는 것처럼 보이는 것은 기억 이전의 기억입니다. 자리 잡음 이전에 자리 잡았을 말에 대한 기억, 과거보다 더 낡은, 그리고 현재들의 경험적 전후관계로 질서지어진 모든 기억보다 더 오래된 과거의 사건에 대한 기억이지요. 시나이보다 더 옛날의 기억입니다. 만일 **시나이**라는 이름 자체 속에서 이 비유적 시대착오가 시나이로 하여금 그 고유한 몸체를 가로질러 낯선 몸체를, 말하자면 낯선 자의 몸체를 의미하도록 하지 않는다면 말이지요. 이 낯선 자의 몸체는 바로 낯선 자의 경험을 가리킬 겁니다. 거기서 메시아적 우주의 진리는 결정된 장소나 순간 따위를 벗어납니다. 의심할 바 없이 말입니다. 또 그

---

76 E. Lévinas, *À l'heure des nations*, pp. 112~113.

것은 정체성도 넘어서지요. 특히 토라의, 계시된 토라의 담지자 또는 전달자라는 민족적 정체성을 넘어섭니다.

다음의 주해가 생각하게 하는 것이 바로 이런 점 같군요.

탈무드는 모든 민족을——성서에 나오는 민족들 모두라 해도—— 열거해서 그 민족들이 메시아적 우주와 연합할 수 있게 결정하려 하지 않는다. 이집트, 쿠시Koush, 그리고 로마라는 세 민족 또는 국가 또는 사회가 거론되는데, 이들이 민족적 삶의 유형학을 대표한다. 거기서는 순수한 역사인 실존의 형태들을 가로질러 비인간적인 것 또는 인간적인 것이 드러나 보인다.

인간적인 것이냐 비인간적인 것이냐의 이 무시무시한 양자택일, 이미 얼굴과 평화를 전제하고 따라서 환대를 전제하는 양자택일을 설명하기 위해, 레비나스는 자신이 토라에 대한 역사적 전달자라거나 특권을 가진, 말하자면 유일한 해석자라고 내세우기를 거부합니다.

토라의 담지자나 전달자라는 자격을 내세움이 없는, 진리에 대한 알레르기 또는 소질.

이 명제에서 "없는"은 위대한 **분석적** 능력을 쥐고 있어요. 그 분석은 법칙을 그 메시지의 사건 밖으로, **시나이**라고 명명된 그 계시의 여기-지금 밖으로, 풀어놓고 떼어놓는 것 같습니다. 그리고 이 "없는"의 풀어놓음은 조금 전에 환기한 경험, 시나이 이전의 토라의 경험, "시나이 **이전의 토라의 인식**"의 경험에 속하는 것으로 보입니다. 선출이 없는 인식은 아니라 해도 말이죠(왜냐하면 선출의 모티브는 레비나스가 윤리적 책임을 분석할 때 도처에서 작용하고 있으니까요). 적어도 그 선출에 의한 소환은 이러저러한 장소나 순간에 자신을 고정시키지 않습니다. 그러니까 아마도 이러저러한 인민이나 민족에 고정될 수 없을 겁니다. 당연히 그러리라고 확신할 수는 없는 노릇이지만요. 선출이 언제나 선출에 이의를 제기하는 것같이 보이는 것, 즉 대신함과 분리될 수 없다는 점을 잊지 맙시다.

부인할 수 없는 필연성, 저항할 수 없는 힘, 그럼에도 불구하고 특정한 약함이 지닌 상처받기 쉬운 힘. 대신함에 대한 이 사유는 우리를 거의 사유 불가능하고 언급 불가능한 논리로 이끌어갑니다. 유일한 것이 단일성으로서의 단일성에 대한 경험 자체 속에서 반복될 수 있고 대체될 수 있다는 귀결로 이끌어가는 것이죠.[77]

77 대신함의 이 담론이 환기되는 것은 우선 역사적 심연의 바탕으로부터다. 우리는 조금 전에 레비나스를 인용하면서 "유대-기독교의 정신성"에 대해 언급했다. 언젠가는, 이슬람을 여기로 불러내고 이해하기 위해, 그 근친성, 유비, 동의어, 동음이의어 등에 대해 끈기 있게 탐구할 필요가 있을 것이다. 그런 것들이 때로 저자들에게도 의식되지 않은 우연한 만남이 교차한 데 대한 응답인지, 아니면 비록 당황스럽거나 우회적이라 해도 더 심오한 필연성에 대한 응답인지를 말이다. 가

장 긴급한(그러나 의심할 바 없이 가장 덜 주목받고 있는) 예는 프랑스에 있다. 대신함에 대한 또 다른 사유의 예가 그것이다. 이 사유는 바로 대신함이라는 명칭 아래 루이 마시뇽의 저작과 시도 그 전체를 관통하고 있다. "대신함"이라는 이 단어-개념은, 레비나스가 아주 일찍이 『존재에서 존재자로』 이래 "1940년에서 1945년 사이에" 언급했던 샤를 위스망스로부터 계승되었고, 마시뇽이 충실했던 특정한 기독교적 신비주의 전통(레옹 블루아, 미셸 푸코, 희곡 『볼모 L'otage』의 저자 폴 클로델) 등등을 가로질러, 마시뇽에게서 "신성한 환대"의 사상 전체를 불러일으킨다. 이것은 아브라함Abraham—또는 이브라힘Ibrahim—의 환대를 창립하는 전거가 되며, 또 1934년에 바달리야Badalyia—"대신함"에 해당하는 아랍어 어휘에 속하는 단어—의 기구를 창립하는 전거가 된다. "우리가 그들을 대신해서 우리의 부담으로 그들의 몸값을 치름으로써 우리가 대신하기를 원하는 이 영혼들, '바달리아의 끈', 그것이 [……] 대행되는 것이다"라고 바달리야의 규약은 말하고 있다. 또 이 규약에는 굵은 글씨로 "볼모"라는 단어가 새겨져 있다. "우리는 지금부터 우리의 생명을 볼모로 제공하며 저당잡힌다"(Louis Massignon, *L'hospitalité sacrée*, Paris, Novuelle Cité, 1987, pp. 373~374). 볼모는 역시 굵은 글씨로, 1947년의 한 편지의 내밀한 내용 가운데서 이번에는 일인칭으로 다시 등장한다 ("나는 볼모로 구성되었다"), p. 241. 또한 pp. 171~173, 262~263, 281("형제애의 대신함"), pp. 300~301 기타 여러 곳 참조. "박해"라는 단어의 사용도 특정한 점에 이르기까지(그러나 어떤 점?) 레비나스의 용례와 공명한다(예컨대 p. 305를 보라). 그러나 그것은 "이슬람-기독교적 기도의 전선" 위에서다. 또 마시뇽의 "Le linceul de feu d'Abraham", *Parole donnée*, Seuil, 1983도 참조하라.

IV

신중하지만 투명한 암시를 통해 레비나스는 우리의 시선이 오늘날 진행되고 있는 사태를 향하게 합니다. 이스라엘은 물론이고 유럽과 프랑스, 또 아프리카와 아메리카, 그리고 아시아에서, 최소한 제1차 세계대전 이래, 한나 아렌트가 "민족-국가의 몰락"이라고 불렀던 사태에 대해 말이지요. 도처에서 모든 종류의 피난자들이, 시민권이 있거나 없는 이민자들이, 추방된 자나 이주자들이, 합법적 서류를 지녔건 그렇지 않건 간에, 나치 유럽의 심장부로부터 구 유고슬라비아에 이르기까지, 중동에서 르완다에 이르기까지, 자이레로부터 캘리포니아에 이르기까지, 성 베르나르 성당에서 파리 13구에 이르기까지, 캄보디아, 아르메니아, 팔레스타인, 알제리, 그리고 많은 다른 곳에서, 사회-정치적이고 지리-정치적인 공간에 변화를 요구하고 있습니다. 법률적-정치적 변화를, 그러나 우선 윤리적 전환을—만일 이런 구분이 아직 그 적합성을 지니고 있다면—요구하고 있습니다.

레비나스는 이러한 비참과 이러한 요구에 대해 말을 하지요. 그는 오래전부터 이런 문제에 대해 발언을 했습니다. 오늘 우리가 그의 글을 읽게 되고 그의 목소리가 울려 퍼져 우리에게까지 의미를 갖게 되는 흔적의 기적, 그것이 여기서 다시 성취되는군요. 사태는 환대에 반하는 범죄에 의해 악화되었다고 말할 수 있습니다. 이런 범죄를 우리 시대의 객客들과 볼모들이 견뎌내고 있지요. 우리 가까이에서건 멀리서건 일어나는, 집단수용소에서 유치留置 수용소로, 국경에서 국경으로, 매일매일 감옥에 갇히고 추방되는 일들을 말입니다(그래요, 환대에 **반하는** 범죄들이죠. 이건 "환대 죄délit d'hospitalité"와 구별해야 합니다. 환대 죄란, 이방인을 불법적 상황에서 유숙시키는 이는 누구든 처벌하고 감옥까지 보내던 것을 일컫습니다. 이 환대 죄가 오늘날 프랑스 법에 의해, 1938년에서 1945년의 법령과 행정명령의 정신을 통해, 같은 이름으로 다시 현실화하고 있어요).

레비나스는 그렇게 우리에게 유숙지, 대피처, 은신처의 선물에 대해 말합니다. "신은 이집트라는 나라가 이스라엘에 제공한 은신처를 상기시키면서 그 선물을 받으라고 그에게 의무를 지웠다. 노예의 자리가 될 은신처, 그러나 무엇보다 먼저 이방인에게 제공된 자리. 이미 이스라엘의 신에게 영광의 노래가!"[78] 환대가 제공되면 그것은 그 자체로 메시아적 질서에 속함을 의미하게 되는 것이지요.

기억할 수 없는 옛날의 기억을 상기하는 것과 마찬가지로, 레비나스는 법칙을 망각한 사태를 고발하기도 합니다. 그것 또한 맞아들임의 계기가 되지요. **맞아들임**이란 신적 결정을 위한 단어입니다.

이집트의 경의를 맞아들이는 영원한 자의 결정[영원한 자는 환대의 고전적 장면에서 주인hôte에게 경의를 표하는 손님hôte을 맞아들이는 주인이지요]. 성서는 이것을 미리 보여준다. 「신명기」 23장 8절, 그 성구를 메시아 자신이, 스스로의 정의로움에도 불구하고, 잊어버렸던 것 같다. 우리는 타인을 우리 것 가운데 받아들일 수 있을 때 메시아적 질서에 속한다. 한 민족peuple이 자신들에게 와서 정착하는 자들을—그들이 전적으로 이방인이라 해도—받아들인다는 것, 그들의 관습과 그들의 의복을, 그들의 말과 냄새를 함께 받아들인다는 것, 그들에게 유숙할 곳과 숨 쉬고 살아갈 곳인 아크사니아akhsania를 준다는 것—이것은 이스라엘 신의 영광에 대한 노래다.[79]

---

78 E. Lévinas, *À l'heure des nations*, p. 113.
79 같은 책, pp. 113~114.

한 민족이, 민족으로서의 민족이 "자신들에게 와서 정착하는 자들을—그들이 전적으로 이방인이라 해도—받아들인다는 것", 바로 이것은 민중의 그리고 공공의 약속engagement의 담보gage입니다. "관용tolérance"으로 환원되지 않는 정치적 공화국res publica이지요. 이 관용이 그 자체로, 척도 없는 사랑의 긍정을 요구하는 경우에는 다르겠지만요. 레비나스는 곧바로, 환대의 이 의무가 이스라엘과 여러 민족들 사이의 관계를 다루는 "유대인적 사유"에만 본질적인 것은 아니라는 점을 분명히 합니다. 그것은 인간적인 것 일반에 대한 인류애로의 접근을 열어놓습니다. 유일한 책임의 소환과 인간적인 보편성 사이의 범례성, 그리고 선출의 만만찮은 논리. 오늘날 **인도주의적**humanitaire 보편성이라고도 이야기할 수 있을 겁니다. 적어도 그것이 숱한 어려움과 애매성을 가로질러, 예를 들면 비정부적 기구로서, 민족-국가와 그 정치를 넘어서 가려고 하는 한에서요.

같은 대목의 뒤이은 부분은 땅terre이라는 단어가 부적절한 게 아니라면, 오늘날 모든 땅들을 예로 들 수 있을 것입니다. 이 예들과 관련한 국경의 문제는 의심할 바 없이 이스라엘의 문제이지만, 동시에 그 문제는, 성서적 의미에서 그리고 현대 국가를 가리키는 의미로 사람들이 이스라엘이라고 부르는 나라 또는 그렇게 불리는 나라의 국경선을 넘어서니까요.

다른 사람을 자기 집에 피난시키는 것, 땅-없고 거처-없는 자가 "조상의 땅"에, 그토록 질시와 악의로 사랑받은 조상의 땅에 현전하는 것을 관용하는 것, 이것이 인간적인 것의 기준인가? 물론이다.[80]

이 텍스트는 1980년대에 나온 것입니다. 역시 국가와 민족의 문제를 다루고 있는, 함께 읽어야 할 다른 텍스트들이 많이 있습니다. 우리가 조금 전에 끌어들였던, 사다트의 ["역사를 뛰어넘는"] "위대함과 중대함"을 찬양하는 텍스트를 비롯해서 말입니다. 또한 『전체성과 무한』 『존재와 달리 또는 존재성을 넘어』에 나오는 이 담론의 오래된 전제들도 되돌아볼 필요가 있어요. 몇몇 단어들 속에서 그 특징을 상기해봅시다. 1982년 『성구의 저편』의 마지막에 (「시오니즘들」이라는 복수複數 형태의 제목으로) 엮인 「탈무드의 독해와 대화들」, 1971년 「카이사르의 국가와 다비드의 국가」, 그리고 1979년 「정치는 이후에!」 등이 제가 이야기하는 형식의 명제들, 다소 모순적이고, 난문적이고, 초월론적 변증법이라는 의미에서의 변증법적인 명제들을 증폭시킵니다. 정치-내적이면서 동시에 정치초월적인, "국가적 원리"를 위하면서 또 반대하는, 『전체성과 무한』이 이미 (최소한 로젠츠바이크의 스타일에서 반-헤겔적인 운

80 같은 책, p. 114.

동에 따라) "국가의 전제정치"라고 불렸던 것에 반대하는, 카이사르의 국가에 반대하는 그런 명제들인 것이죠. 카이사르의 국가는 "국가의 순수한 본질에 참여함에도 불구하고 진정한 타락이며 또 아마도 우상숭배의 궁극적 피난처"[81]에 해당합니다. 이 명제들은 국가에 반대하지만, 레비나스가 "국가를 넘어서" 또는 "국가의 지양"이라고 부른 것에, 메시아적 국가에서의 "다비드의 국가의 완성"을 향한 열림을, "다가올 세계"[82]를 향한 국가의 지양을 허용합니다. 국가(카이사르의 국가)의 **지양**, 다른 국가(다비드의 국가)의 **완성**, 이 둘 모두는 유토피아적이거나 설익은 것으로 나타날 수 있지요. 레비나스는 그 점을 알고 있어요. 그러나 이것들은 자신의 미래를 향한 정치의 열림을—만일 정치가 거기서 미래를 갖는다면—보여줍니다 (만일 국가가 등장해야 폴리스*Polis*의 다소간 엄격한 번역인 "정치"를 말할 수 있다는 것을 규칙으로 삼는다면, 우리는 이 규칙이 "다비드의 국가"라는 표현에 적용되는지 물어봐야 할 겁니다. 또는 카이사르의 국가와 다비드의 국가 사이의 양자택일이 정치와 정치 너머 사이의 양자택일인지, 아니면 두 정치 사이의 양자택일인지, 또는 마지막으로 **다른** 양자택일들 가운데의 **한** 양자택일인지 물어봐야 할 것입니다. 이 마지막 경우

---

81 E. Lévinas, *L'Au-delà du verset*, p. 216.
82 같은 책, p. 219.

에는 카이사르의 것도 아니고 다비드의 것도 아닌, 로마도 아니고 이스라엘도 아니고 아테네도 아닌 국가를 가정하는 것을 배제할 수 없을 겁니다. 우리는 이 괄호를 닫으면서, 레비나스가 "메시아적 정치"를 말하는 데 주저함이 없었다는 사실을 내세우지 않을 수 없군요. 이 메시아적 정치는 우리가 전통적으로 정치라고 이해하고 있는 것과 대조됩니다. 그리스적이든 그리스-이후든, 서양의 정치학을 지배하는 전통과 말이지요. 그가 "정치 너머"라고 말할 때, 그 "정치"는 항상, 메시아적이지 않은 국가의 정치를 뜻합니다. 이 정치는 위반되어 자신의 너머를 향하는데, 그 위반을 행하는 것은 그럼에도 불구하고 여전히 정치로 남죠. 그러나 메시아적 정치로요. 거기서 경계선이, 이 모든 말들의 의미론적 정체성이 흔들리게 되는 것은 사실입니다. 그리고 그것은 이 글쓰기의 가장 확실한 효과지요. 이 사유의 압력이고요. "메시아적 도시는 정치의 너머/저편au-delà이 아니"라고 레비나스는 말합니다. 그리고 이렇게 덧붙이지요. "무릇 도시는 종교적인 것의 이편en deçà이 결코 아니다"[83]).

이런 바탕 위에서 레비나스는 한 가지 가설을 제시합니다. 대담하다고 할 수 있을 만한 가설인데요, 한편으로 지상의 도시와 신의 도시 사이의, 정치적 질서와 정신적 질서 사이의 구

---

83 같은 책, p. 215.

맞아들임의 말   I45

별은, 기독교 전이든 후든 유대주의에서는, 기독교에서 그 구별이 보여주는 "뚜렷한 특성"을 갖지 않는다는 겁니다. 다른 한편으로, 기독교가 "그토록 자주 국가의 종교"가 된 것은, 역설적이게도, 이 빈틈없이 뚜렷한 구별 탓에 레비나스가 "정치적 무관심주의"[84]라고 부르기를 주저하지 않았던 그 특성 때문이라는 것이죠. 정치적 무관심주의는 권력을 위해 권력을 추구하는 경향을 불러올 겁니다. 그 대가가 무엇이든 말이죠. 그것은 교회가 국가를 지배할 수 있을 때면, 교회의 통제되지 않은 권위주의와 독단주의에 정당성의 기준인 양심을 부여해줄 것입니다. 이것은 솔깃한 주장 또는 가설이죠. 아마 깊이를 갖춘, 또는 생산적인, 그러나 또한 어느 정도는 지나치게 자신감이 넘치고, 또 어느 정도는 너무 빨리 확신을 해버린 주장이라고 할 수 있겠습니다. 정치적 무관심주의와 국가종교 사이의 연관에 대해서뿐만 아니라, 기독교 영역 밖에는 국가종교가 없다고 상정한 것이 그렇습니다. 이슬람 땅(레비나스는 이에 대해 아무 말도 하지 않습니다)에서, 또 이스라엘 땅에서도 말이지요. 비록 거기서는 "국가의 종교"라는 표현을 다루기가 미묘하고 아주 까다로워서, 이스라엘에 국가종교가 실재한다고 글자 그대로 긍정하기도 또 (레비나스가 여기저기서 그렇게 하려고 했듯이[85]) 부정하기도 쉽지 않지만요.

84 같은 책, p. 209.

정치에 대한 언급들의 짐짓 난문적이고 역설적이거나 결정 불가능한 형식으로, 이후 레비나스는 1988년 12월 5일의 강연—이 강연은 레비나스 사후, 금년 출간된 『새로운 탈무드 강의』에 실렸습니다—에서도 정치에 대한 이런 형태의 짐짓 아포리아적이고 역설적이며 결정 불가능한 언급을 합니다. 그 명칭에서 정치는 위상학적 단순성에 도전하는 것처럼 보입니다. 그 명칭은 "국가 속에서 국가 너머Au-delà de l'État dans l'État" 이지요. **속에서-너머**, 이것은 내재 속에서의 초월입니다. 정치적인 것 **너머**, 그러나 정치적인 것 **속에서**. 포함이 가져오는 초월에 열린 포함, 문을 틀 짓는 벽 또는 성벽 너머로 나아가고 열리는 문의 통합. 이것은 개념의 안정성만큼이나 자리의 정체성을 내파시키는 위험을 무릅쓰는 것이죠. 이 강연은 포함된 초월에 "메시아적 정치"의 공간을, "토라로부터만, 토라의 정의로부터만, 토라의 판관과 토라의 박식한 스승들로부터만 인간적인 것에 다가올 수 있는 수용 가능한 정치 질서"[86]의 공간을 할당합니다.

---

85 예를 들면 E. Lévinas, "Séparation des biens", *Cahier de l'Herne*, 1991, p. 465. 레비나스가 거기서 정당하고 합법적인 주장을 하고 있음은 틀림없다(이스라엘 국가는 "모든 교파의 시민들을 존중한다. 이스라엘의 종교적 당파는 유일한 것도 아니고 가장 영향력 있는 것도 아니다"). 그러나 이 국가의 정교분리를 의심하는 사람들은 이런 주장에 만족하지 못할 것이다.

86 E. Lévinas, "Au-delà de l'État dans l'État", in *Nouvelles lectures talmudiques*, Minuit, 1996, p. 63.

레비나스는 성서의 유대식 주해midrachique 강의 곁에 잠시 머물렀어요. 거기서는 다음과 같이 한 성구의 처음 여섯 단어를 고립시켜 보여주죠. "여기 토라가 있다. 죽어가는 인간이 있다"[87](우리는 죽음에 대해, "응답 없음"의 순간에 대해, 그리고 토라에 대해, 아-듀와 "응답 없음"에 대해 다시 말해야 할 겁니다. 마침내는, 그것의 환대가 죽은 자를 죽음으로부터 보호해줄 토라에 대해 다시 말해야 할 것입니다). 또한 레비나스는 완전성에 열린 유일한 국가인 "민주주의 국가"를 "정치적 권력의 전제정치 규칙에 대한 예외"[88]로, 유일한 예외로 규정했지요. 지나는 길에 도착하는 것에 대한 질문이 있었죠. 그래요, **도착하는** 것에 대한, 도착하는 **누구**에 대한 질문이 있었어요. 알렉산더가 여자들의 도시에, 오직 여자들만 있는 도시에 도착했을 때, 이들은 자기들의 질문으로 알렉산더를 무장해제시킵니다. 알렉산더는 결국 이렇게 결론짓죠(이것은 집에서 또 집 밖에서 여성들의 목소리를 고려하는 정치에 관심이 있다면 심사숙고해보아야 할 가르침입니다).

나, 마케도니아의 알렉산더인 나는 아프리카에 있는 이 여성들의 나라에 오기 전에는, 그래서 이들의 충고를 받아들이기 전에

---

87 같은 책, p. 62.
88 같은 책, p. 64.

는 바보였노라.[89]

『성구의 저편』에는 "카이사르의 나라와 다비드의 나라" "유
일신론의 정치를 위하여"라는 부분이 "국가를 넘어서"라는 제
목의 절을 뒤따라 나옵니다. 그 앞에는 "국가에 대한 긍정Oui
à l'État"이라는 절이 있고요. 그런데 우리는 이 담론의 양상들
을 가능한 한 엄격하게 해석하면서 매우 진지하게 취급해야 할
겁니다. 여기에는 물음표와 조건법과 획기적이라 할 만한 절들
이 계속 등장하고 있어요. 이런 조심성은 수사적인, 이를테면
정치적인 신중함이라기보다는, 도래해야 할 것으로 남아 있는
것—그것에 대해 우리가 아무것도 모르는 미래—을 존중하
거나 맞이하는 방식이지요. 도래하는 것은 지식이나 선-지식
의 질서에 결코 속하지 않을 겁니다.
　예를 들면, "유일신론의 정치를 위하여"의 결론에서 이 획기
적 유보는 이제 내가 강조할 단어들("참여" "그러나")에서 드
러나지요.

　[……] 이스라엘은 유일신론적인 자신의 메시지를 완성하는 정
　치를 사유할 수 없게 되었다. 이후로는 **참여**engagement가 행해진
　다. 1948년 이래로. **그러나** 모든 것은 시작할 뿐이다.

89　같은 책, p. 48.

여기엔 연대年代가 있습니다. "1948년 이래." 그 연대는 어떤 사건을 환기시키지요. 한 국가의 창설을요. 이 국가는 **참여**를 합니다. 그 참여는 사실 면에서 또 권리 면에서 다른 국가들처럼 한 국가로 존재하는 데 **그치지 않지요**. 그래요, 레비나스는 법률적인 **사실**인 이스라엘 현대 국가의 창설을, 국제 사회의 다수 국가들이 권리상으로 인정한 이스라엘 국가의 창설을 승인도 부인도 하지 않은 채, 거기서 "참여"만을 봅니다. 그것은 거대한 참여지만, **그러나** 단지 참여이지요. 그리고 이 정치적 역사는 "시작할 뿐이다"라고 레비나스는 말합니다. 그렇기에 참여의 배반은, 그리고 위반도, 언제나 가능한 것으로 남습니다. 다른 국가들처럼 한 국가가 될 수 있는 무엇인가에 대해서 말이죠. 아니 때로, 또는 어떤 측면에서는, 다른 많은 국가들보다, 몇몇 국가들보다 더 나쁜 국가가 될 수 있다고 어떤 사람들은 말하겠지요. 모든 것은 유보된 채로 남고, 모든 언급은 주시됩니다. 조건법의 신중한 감시에 의해서요. 우리는 그 점을 이해하게 될 거예요. 참여는 "너머"로 가지 않을 수 없을 겁니다. 이 "너머"는 레비나스의 용어입니다. 정치적인 것 너머로, 엄격히 말해 민족적 또는 가족적 영역에서의 "정치적인" 문제 또는 그 해결 너머로 가게 될 겁니다.

이후로는 **참여**가 행해진다. 1948년 이래로. **그러나** 모든 것은 시작할 뿐이다. 이스라엘은 놀라운 자신의 과업을 완성하기 위해, 4천 년 전 그 일을 처음 시작했던 아브라함 때와 마찬가지로 고립되어 있다[이스라엘의 고립에 대한 이 주장은 논란이 될 수 있습니다. 제 생각에는 그렇습니다. 그러나 그 문제는 여기서 제가 문제 삼고 있는 논증 구조에는 엄격히 본질적이지도 필수적이지도 않으므로, 여기서는 유보하도록 하겠습니다]. 그러나 이렇듯 조상의 땅으로 돌아가는 것은, 민족적인 또는 가족적인 특수한 문제의 해결 너머, 내적 역사의 또 단적인 역사의 가장 위대한 사건들 중 하나를 나타낼 수 있으리라marquerait.[90]

이것은 "카이사르의 나라와 다비드의 나라"라는 이 텍스트의 마지막 말입니다. 이 말들은 무조건적 **참여**를 이야기하죠. 분명히 그렇습니다. 그러나 정치적 사건에 대한 묘사로서 그 미래에 대한 해석은 조건법으로 남아 있습니다(우리는 이 문제로 다시 돌아올 겁니다. 또한 결론에서는, 내가 내 나름으로 [ ] 괄호의 삽입절로 분리해놓은, 그렇게 하여 지금 우리가 따라가면서 특권화했던 논증 구조로부터 떼어놓은, 그 삽입절의 문제로 다시 돌아올 겁니다).

---

90 E. Lévinas, *L'Au-delà du verset*, p. 220. 강조는 데리다(강조된 부분은 marquer 동사의 조건법의 어미다 ─ 옮긴이).

V

"정치는 이후에!" 이런 제목 아래 레비나스는 시오니즘에 대한 역시 신중한 해석을 통해, 옳고 그름과는 상관없이, 두 개의 커다란 국면을 구분하려고 애를 씁니다. 그러나 여기서 문제가 되는 것은 국면들인가요? 역사적 장면이 문제인가요? 또는 오히려 두 세계가 문제인가요? 경쟁하는 그리고 양립 불가능한 두 형태가 문제인가요? 언제까지나 동시적으로 다툼을 벌이는 두 시오니즘이 문제인가요?

레비나스는 분명히 통시성에 특권을 줍니다. 먼저 현실주의적인, 게다가 **정치적인** 시오니즘이 있을 거예요. 이것은 또 아마 "예언적 이상에 부적합한" 시오니즘이겠죠. 더욱이 아마 지금의 민족주의에 기울어진 이 정치적 시오니즘은, 히틀러 이전의 유럽에서 또 때로는 오늘날에도 여전히, "보편적 목적성 finalité universalité"[91]을 표방하는 특정 유대인들의 고의적 침묵을 설명해줄 겁니다. 두번째 시오니즘은 성스러운 역사의 종말론적 전망에 더 많이 열릴 것입니다. 또 바로 그럼으로써, 즉 정치 너머의 정치를 통해, 레비나스가 "정치적 발명"[92]이라고 부르는 것에 더 많이 열리게 될 겁니다.

이스라엘 국가의 실제 상황에 관해 그 정치적 가시성 면에서 레비나스의 이 분석에 동의하든 안 하든(사실 나로서는 항상 동의하는 것은 아니라고 말할 수밖에 없군요), 우리는 여기서 이론의 여지가 없는 관심사를 인지하게 됩니다. **한편으로는** 시오니스트의 **참여**를, 약속을, 시오니스트의 **사실**이 아닌 맹세한 신앙을 정치적인 것 **너머의** 정치적인 것을 지닌 운동으로 해석하는 일, 그래서 정치적인 것과 그것의 타자 사이에 놓인 자신을 발견하는 일, **다른 한편으로는** 순수하게 정치적이지 않은 평화를 사유하는 일.

그러나, 이 마지막의 두 구별이 실질적인 것이며 의미를 지닌다고 가정한다 해도(주어지지 않은 가정concession non dato), 이 두 경우에서 정치적인 것 너머와 **순수하게 정치적인 것 너머**는 비-정치적인 것 쪽을 가리키지 않습니다. 그것은 다른 정치를, 메시아적 정치를, 카이사르의 국가로부터 구별된 다비드의 국가의 정치를 나타내는 것이지요. 다시 말해, 그것은 국가

91   E. Lévinas, *L'Au-delà du verset*, p. 225.
92   같은 책, p. 227.

의 고전적이고 헤게모니적인 전통과는 구별됩니다. 그런 전통은 정치적인 것에 대한 그리스-로마 선조의 철학 담론, 즉 도시, 국가, 전쟁과 평화 따위를, 주어진 모든 주의를 기울여 우리의 정치학과 동일시하는 가운데 존립하지요. 물론 그러한 것을 서구의 정치학으로 동일시하지 않는다 해도——이런 동일시는 우리가 경계해야 할 것이지요. 특히 민주주의적인 형태보다 제국주의적인 형태로, 카이사르의 국가라는 형태로 이런 동일시가 이루어지는 것을요——우리는 거기서 오늘날까지도 지배적인 어떤 경향을 인식할 수 있을 겁니다. 그 경향은 다비드보다는 카이사르의 국가에 가깝고, 또 거기서 민주주의는 그 자체가 제국주의적 소명을 가지고 있겠지요. 이해 대해 많은 가설들이 있습니다. 문제는 "정치"라는 말이 무엇을 뜻하느냐, 또 이 개념의 경계들이 오늘날 분석에 저항하고 있느냐 아니냐를 아는 데로 열려 있습니다. 우리가 여기서 이 문제에 정면으로 접근할 수는 없겠고요, 우리의 관심사와 관련지어 실마리나 시금석이 될 수 있는 부분을 살펴보는 것이 좋겠습니다. 예를 들면, 환대와 분명한 친화성을 보이며 끊임없이 재확인되는 평화의 관념 같은 것 말이죠. 평화, 그것은 정치적인 것일까요? 어떤 의미에서죠? 어떤 조건에선가요? "평화는 순수하게 정치적인 사유를 넘어서는 개념이라고 시사"[93]하는 레비나스의 시

93 같은 책, p. 228.

아듀 레비나스

사—"시사"는 레비나스의 용어지요—는 어떻게 읽어야 할까요?

그러니까 레비나스는 "시사"의 위험을 무릅쓰지요. 믿을 만하지만 동시에 불안한 방식, 다만 시사일 뿐입니다. 레비나스는 평화가 **정치적이지 않은** 개념이라고 주장하지 않습니다. 그는 이 개념이 정치적인 것을 **아마 초과**하리라고 시사하지요.

이것은 무엇을 함의합니까? 어려운 분배고 분할입니다. 요컨대, 평화에 대한 그러한 개념은 그 자신과 평화롭게 있지 못한 채로 정치적인 **한 부분**을 차지하죠. 그것은 정치적인 것을 **분유**分有하지요. 그것에서 다른 부분은 정치적인 것의 특정한 개념을 벗어나지만 말입니다. 평화 개념은 그 자신을 초과합니다. 자신을 넘쳐나죠. 그것이 자신을 중지시키거나 자신을 파괴하여 그 자신의 안쪽에 또 바깥에 일종의 고립 영역enclave을 구성한다고 할 정도입니다. "속에서 너머au-delà dans"—다시 한 번, 윤리적 또는 메시아적 초월의 정치적 내면화가 등장하는 것이죠(다음과 같은 점을 적어두고 갑시다. 이 자기 중지가 일어날 때면(우리는 조금 전에 몇몇 예들을 따라왔지요), 자기 초과나 자기 초월에 값하는 것이기도 한 이 자기 제한이 일어날 때면, 이 위상학적 고립 영역이 개념에 영향을 줄 때면, 해체의 과정이 작동됩니다. 이 과정은 더 이상 목적론적 과정이 아닐뿐더러, 역사의 흐름에서의 단순한 사건조차 아니지요). "시사"라는 말이 주의 깊은 조심성을 나타내는 데 충분치 못하다는 듯이, 결국 레비나스는 한편에서 "평화는" 정치적인 것을 넘쳐나는 것이 아니라 "순수하게 정치적인 사유를" "넘쳐나는 개념"이라고 분명히 합니다. 이 주장은 모든 것을 떠받칩니다. 그래서 순수성을 내세울 필요가 있는 것이지요.

자, 그래서 여기 한 "개념"이 있습니다. 평화 말입니다. 그것에 대한 사유는 사유를 넘쳐날 거예요. 사유가 **순수하게** 정치적인 것으로 머물려 하는 한에서 그렇지요. "정치적으로 순수한 사유"는 여기서 이 개념에 부적합할 겁니다. 그것을, 평화의 이 개념을 사유하기 위해서 정치적인 것의 질서를 떠날 필요는 없어요. 그러나 레비나스가 "순수하게 정치적인" 것이라고 부른 것의 질서는 떠나야 합니다. 무엇이 정치적인 것인지를 알기 위해서는 "순수하게 정치적인" 것이 무엇인지를 아는 편이 낫습니다. 그것은 허구죠. 다른 곳에서 레비나스는 그 허구가 몸체를 가질 수 없다고, 실제의 몸체를 결코 가질 수 없다고 말해요. 우리가 앞에서 들었다시피, "무릇 도시는 종교적인 것의 이편en deçà이 결코 아니"기 때문입니다. 다른 곳에서 레비나스는 순수하게 정치적인 것이 아닌 이 평화에 관하여 말하지요. 그 맥락에서 문제인 것은 정치적인 것을 발명하는 것이죠. "정치적인 발명", 더 정확하게는 다시 "그의 땅[이스라엘이라는 국가의 땅] 위에서 정치적 발명의 구체적 조건들을 창조"[94]

---

94 같은 책, p. 227.

하는 것이 문제입니다.

이스라엘에서 이런 정치적 발명이 일어난 적이 있습니까? 이스라엘에서요? 아마 여기는 이 질문을 제기할 자리가, 또 무엇보다 그에 답할 자리가 아닐 겁니다. 필요한 온갖 분석을 하기엔 우리에게 시간이, 시간 이상의 것이 있어야 할 것입니다. 그러나 레비나스의 이러한 말들을 앞에 두고, 또 이 말들을 호흡하는 정신 속에서, 그러한 질문이 제기하는 불안을 여기에 묻어둘 권리가 있을까요? 그 같은 침묵은 우리에게 할당된 책임에 어울리는 것일까요? 그리고 무엇보다 에마뉘엘 레비나스 바로 그 앞에서요? 나는 이스라엘에서의 이 "정치적 발명"을 기다리는 사람들 가운데 한 사람입니다. 희망 속에서 그것을 요청하는 사람들, 또 오늘날 어느 때보다도 그것을 희망하는 사람들 중 하나입니다. 우리가 품은 절망을 최근의 사건들—최근의 사건들만을 언급하겠습니다—은 덜어주지 못하는군요 (예를 들어—그러나 이것은 어제오늘의 예들일 뿐입니다—식민지 "이주"의 재개 또는 고문을 정당화하는 대법원의 결정이 그렇지요. 또 일반적으로는, 사람들이 계속 "평화의 과정"이라고 그렇게 불러온 것을 유보시키고 우회하거나 중단시키는 모든 발의들이 그렇습니다).

하여튼 레비나스의 시사가 본질적으로는 수수께끼 같은 것으로 남아 있게 된다 하더라도, 그것은 그 용어의 전통적 의미에서 순수하게 정치적인 것도 아니고 단순히 비정치적인 것도 아닌 평화를 향해 신호를 보내고 있습니다. 레비나스의 시사가 작용하는 맥락은, 주인의 주체성을 볼모의 주체성으로 놓는 윤리의 재긍정이 정치적인 것의 통로를 잠식하여 정치적인 것의 너머로 향하는 데, 또는 "이미 비정치적인 것"으로 향하는 데 있습니다. "이미"와 "아직 아님" 사이의 경계는 어디에 있나요? 정치와 비-정치적인 것 사이의 경계는 어디에 있지요? 몇 페이지 앞에서 우리는 다음과 같은 대목을 읽을 수 있었습니다.

> 자기의 긍정은 곧바로 모두를 향한 책임이다. **정치적이며 또 이미 비-정치적인 것**이다. 서사시이자 수난극이다. 거친 에너지이고 극단적인 상처받기 쉬움이다. 시오니즘은 처음에 그 정치적 정식화의 현실주의를 거친 이후 마침내, 실체적 유대주의의 척도로 볼 때, 정신의 위대한 열망으로 계시된다.[95]

"또 이미 비-정치적"이라는 표현에서 "이미"는 무슨 뜻일까요? 이 "또 이미 비-"는 어떻게 그것이 아직 그것인 바의 것, 즉 "정치적인 것"을 먹어 들어갈 수 있을까요? 또는 그것은 어떻게 이미 더 이상 그것이 아닌 바의 것, 즉 "정치적인 것"에 의해 자신을 먹어 들어가도록 할 수 있을까요? 이 정치적인 것은 여

95 같은 책, p. 224. 강조는 데리다.

전히 그 "또 이미 비-"를 먹어 들어가고 있지요. 이 "정치적인" 은 무엇을 뜻할까요? 우리가 그것으로 평화에 호소한다고 할 때, 그 "개념이 순수하게 정치적인 사유를 넘쳐나는" 평화에 호소한다 할 때 말입니다.

그러니까 이 말은 "정치는 이후에!"라는 제목의 텍스트에 속합니다. 그 텍스트는 1979년 『현대*Temps Modernes*』지에 게재되었다가 1982년에 『성구의 저편』에 다시 실렸지요. 느낌표가 붙어 있는 이 제목 "정치는 이후에!"의 의미는 분명해 보입니다. 정치는 이후에 온다, 두번째 자리에! 최초의 또는 궁극의 명령은, 극단적 긴급함은 우선 정치적이지 않을 겁니다. 순수하게 정치적이지 않을 거예요. 정치 또는 정치적인 것은 뒤따르게 될 겁니다. "이후에" 올 거예요. 그런 것들은 정치적 질서를 초월하는 어떤 명령에 종속시켜야 합니다. 논리적 귀결로나 연대의 순서로나 말이죠. 정치적 순서에 속하는 것은 이후에 보게 될 겁니다. 그것은 이후에 올 거예요. 정치는 뒤따릅니다. 관리 감독처럼요. "정치는 이후에!"

우리는 사다트의 예루살렘 여행을 뒤쫓습니다. 유사 메시아적 대담함을 갖춘 이 여행은 "예외적 사건"으로, "역사를 뛰어넘는" "누구도 하지 않은, 그리고 누구도 한 생애에 두 번 할 수 없는" 사건으로, "가능하게 되는 모든 불가능한 것"[96]으로

---

96   E. Lévinas, *L'Au-delà du verset*, pp. 226~227.

환영받았지요.

혹자는 오늘날 사태를 전치轉置하거나 뒤집어놓고 싶어 할지 모르겠군요. "가능하게 되는 모든 불가능한 것"이라는 이 표현은 여기서, "가능한 것의 불가능성"에 대한 우연한 반향처럼 울리지는 않습니다. 이 후자에 대해 레비나스는 「대신함」에서 절대적 수동성과 관련하여 언급하고 있지요. 그것은 죽음의 수동성(불가능한 것의 가능성이라는 하이데거적 의미에서)이 아니라 볼모의 조건이 되는 "나는 볼모다"의 수동성입니다. 또 제삼자로의 이웃에 대해 내게 의무를 지우는 "무한한 책임"의 수동성이에요. "단지 존재에서 죽음의 가능성인, 불가능성의 가능성이 아니라, 이 가능성에 앞선 불가능성, 회피하는 것의 불가능성 [······]"입니다. 요컨대, 죽음 앞의, 죽음에 앞선, 죽음들에 앞선, 죽음 너머의, 우리의 책임인 것이죠. 이제 여기서 불가능한 것이 가능해졌어요. 사다트가 예루살렘에 온 이후로요. 사실 사다트는 다음의 것을 이해하지 않았을까요?

[······] 이스라엘과의 우정이 열어주는 기회들——또는 단순히 이스라엘을 인정하는 것이 이미 열어주는, 이스라엘에 단순히 말을 거는 것이 열어주는 기회들——그리고 역사적 권리에 대한 시오니스트의 소명과 정치적 굴레 아래서 왜곡된 그 소명의 형태들 뒤의 예언적 약속들로부터 감춰진 모든 것을? 복구 가능한 모든 부정의들을.

　　　　　아듀 레비나스

그리고 레비나스는 계속 이야기합니다.

가능하게 되는 모든 불가능한 것을. 근동의 사다트의 적들 또는 우리 자랑스런 서구의 친구들 가운데 덜 고양된 정신으로는 그네들의 정치적으로 계산 가능한 것에 빠져 전혀 짐작하지 못했던 것을. "타자로서의 국가"와 웅변적인 많은 것을? 계속해보자! 그러니까 **현실정치**가 그 모델을 제공하는 거만하고 조심성 많은 방법들로의 복귀와 경솔한 이상주의idéalisme의 자극적 수사법 사이에는 추구해야 할 것이 아무것도 없을까? 이상주의는 유토피아적 꿈 속에서 길을 잃고 현실과의 접촉에서 부서져내리거나, 위험하고 경솔하며 손쉬운 망상으로 돌아서서, 예언적 담론의 재개에 헌신하게 되지 않는가. 조국이 없는 사람들을 위해 피난처를 마련하려는 염려를 넘어서서, 또 이스라엘이라는 국가의 때로는 놀랍고 때로는 불확실한 성취들을 넘어서서, 무엇보다 문제는 그 땅 위에 정치적 발명의 구체적 조건들을 창조하는 것이 아니었는가? 그것이야말로 시오니즘의 궁극적 목적이며, 따라서 아마 인류 역사의 위대한 사건 중 하나일 것이다. 2천 년 동안 유대 민족은 인류 역사에서 대상에 지나지 않았고, 정치적 순진함 속에 있었던 탓에 희생물의 역할을 맡아왔다. 희생물은 유대 민족의 소명으로 충분치 않다. 1948년 이래, 유대 민족은 적들로 둘러싸여 있고 언제나 문제에 있어왔다[이 "문제-에-있음"은 볼모의 주체성이나 자기성을, 즉 박해, 강박이나 포위됨, 모두를 위한 책임 등을 규정한다는 점을 기억하실 겁니다]. 그러나 유대 민족은 또한 사태에 참여해왔다. 예언적 도덕과 그 평화에 대한 관념을 구체화하게 될 국가를 사유하기 위하여. 또 그것을 만들고 다시 만들기 위하여. 이 관념이 이미 전파될 수 있었고 재빨리 포착될 수 있었다는 것, 이것은 경이 중의 경이다. 우리가 말했다시피, 사다트의 여행은 근동에 평화의 유일한 길을 열어주었다. 이 평화가 가능한 것이 틀림없다면 말이다. 여기서 "정치적으로" 약한 것은 아마, 그 길이 지니는 대담함의 표현이고 결국 강함의 표현일 것이다. 그리고 아마 그것이 도처에서 또 모두를 위하여 평화의 관념 자체에 가져오는 것, 즉 평화는 순수하게 정치적인 사유를 넘쳐나는 개념이라는 시사의 표현일 것이다.[97]

평화는 무엇일까요? 우리가 "평화"를 말할 때 무엇을 말하고 있는 것인가요? "~와 평화롭게 있다"는 것은, 다른 누군가와, 집단과, 국가와, 민족과, 타자로서의 자기 자신과 평화롭게 있다는 것은 무엇을 의미하지요? 이 모든 경우에 우리가 평화롭게 있을 수 있는 것은 타자와 더불어서입니다. 타자로서의 타자가 어떤 방식으로건 현현 속에서, 그 얼굴의 후퇴에서건 방문함에서건 맞아들여지지 않았을 때에는, 평화에 대해 말

97 같은 책, pp. 227~228.

아듀 레비나스

하는 것이 아무 의미가 없을 거예요. 동일자와 더불어서는 우리는 결코 평화 속에 있지 않지요.

이 공리가 빈약하고 추상적으로 보이겠지만, 이를 일관된 방식으로 사유하는 건 그렇게 쉽지 않습니다. "평화"라는 이 작은 단어에 하나의 의미론적 핵이 있다면, 하나의 통일성이 있다면, 그것은 어떤 것일까요? 그런 의미론적 핵이 있기는 할까요? 달리 말해, 평화에 대한 하나의 개념이 있을까요? 그리고 그것은 그 정체성 속에서 파괴될 수 없는 하나일까요? 아니면 아마 모든 개념에 대해 그렇듯이 이 개념에 대해 다른 어떤 관계를 발명할 필요가 있을까요? 그 고유한 초월의 비변증법적 고립됨enclavement에 대해, 그것의 "속에서-너머"에 대해 말이지요.

레비나스의 모든 사유는 가르침으로서 존재하고, 그렇게 존재하고자 하며, 가르침으로서 제시되지요(레비나스가 이미 이 말에 부여하는, 그리고 그가 그 자신에게 위엄 있게 magistralement 부여하는, 스승의magistral 높이라는 의미에서 말입니다). 이 가르침은 "맞아들임"이나 "받아들임"이 뜻해야 할 바를 주체에게 가르칩니다. 우리가 "맞아들임"이나 "받아들임"을 말할 때 무엇을 말하고자 하는지 물어보았어야 하는 것과 마찬가지로, 우리는 "평화"라는 말이 전쟁과 대비해서 **또는 그렇지 않고서** 뜻할 수 있고 또 **뜻해야 할** 바가 무엇인지를 스스로 물어보아야 합니다.

전쟁 따라서 적대와 대비해서, **또는 그렇지 않고서.** 이렇게 말하는 이유는 이 대비가 본래적이지 않기 때문이지요. 전쟁 또는 적대 행위들과 평화를, 적대와 평화를, 다시 말해 공공연한 하나의 적대와 평화를 대비하는 것이 말입니다. 이 적대는 흔히 환대의 반대물이라고 여겨지지요. 그런데 전쟁과 공공연한 적대가 같은 것이라면, 또 이것이 평화의 반대물이라면, 우리는 평화와 맞아들임의 환대가 또한 짝을 이룬다고 말해야 할 겁니다. 그것들은 분리 불가능한 쌍을 형성한다고, 그중 하나인 평화가 다른 것, 즉 환대에 상응하는 상관관계를 이룬다고, 또는 거꾸로도 마찬가지라고 말해야 할 거예요.

그런데 이렇듯 동의어로, 상호 함축적인 것이거나 대칭적으로 대비 가능한 것으로 상정된 이 개념 쌍 모두야말로, 아마 우리가 그들의 질서 가운데서 문제로 만들고 흐트러뜨리고 불안정하게 하고 중지시킬 필요가 있는 것들일 겁니다. "전쟁" "적대" "갈등"이 같은 것인지는 확실치 않아 보여요(예를 들어 칸트는 전쟁과 갈등을 구별하죠). 환대와 평화가 동의어인지는 더 확실치 않고요. 우리는 다른 국가의 시민에게 어떤 환대도 제공하지 않거나 또는 적어도 엄격한 조건에 의해 제약된 환대를 제공하는 두 국가 사이에 성립하는 특정한 정치적 평화를 상상할 수 있습니다. 사실 이것이 가장 일반적인 현상이지요. 또한 우리는 전쟁과 평화가 서로 대립되는 대칭적 쌍을 이룬다고 생각할 수 있습니다. 흔히들 그렇게 믿습니다. 그러나 이 두

아듀 레비나스

개념 중 하나 또는 다른 것에 근원의 가치나 위치를 주기만 해도 그 대칭은 깨져버립니다.

이를테면 칸트처럼 자연에서 모든 것은 전쟁으로 시작한다고 여긴다면, 최소한 두 가지 귀결이 따라오지요. 1. 평화는 더 이상 자연적인 현상이, 전쟁에 대칭적이며 단순히 대립할 수 있는 현상이 아니게 됩니다. 평화는 다른 질서의, 자연적이 아니라 제도적인(그러므로 정치적-법률적인) 본성의 현상이 되지요. 2. 평화는 단순히 적대 행위의 종식, 전쟁이나 휴전 행위의 회피가 아니게 됩니다. 평화는 영구적 평화로서, 영원한 평화의 약속으로서 설립되어야 하지요. 그 경우 영원함은 유토피아도 아니고 공허한 말도 아닙니다. 평화 개념에 덧붙일 수 있을 외적이거나 보충적인 술어도 아니지요. 평화 개념은 그 자체로 자신의 고유한 필연성 속에 영원하다는 것을 분석적으로 함축하고 있어요. 영원성의 사유는 평화의 개념 자체에서 파괴될 수 없습니다. 따라서 환대의 개념에서도 마찬가집니다. 최소한 우리가 그것을 사유할 수 있다면 말이지요. 우리는 다음과 같은 칸트의 논리를 알고 있습니다. 만일 내가 적대를 재개할 속셈으로, 전쟁을 다시 일으키거나 휴전에나 동의할 속셈으로 평화를 행한다면, 만일 내가 좋든 싫든, 다른 전쟁을 가정함으로써 언젠가 승리를 거두어야 한다고 생각하기까지 한다면, 평화는 없을 것이라는 얘기죠. 그럴 경우, 틀림없이 평화는 존재하지 않을 것이라고들 합니다. 그러나 만일 평화가 있다면, 그 평화는 영원해야 한다는 거죠. 설립된 평화로서, 법률적-정치적 평화로서, 비자연적 평화로서 말입니다.

몇몇 사람들은 아마 이로부터 그런 평화는 사실 없으며 앞으로도 없을 것이라는 결론을 끌어낼 수 있겠죠. 순수하게 정치적인 평화는 자신의 개념에 적합한 조건에 자리를 잡을 수 없는 법입니다. 그래서 이 영원한 평화, 전적으로 순수한 정치 그 자체는 정치가 아닙니다. 달리 말해, 정치는 결코 그 개념에 딱 맞지 않지요. 우리가 마땅히 주의를 기울여야 할 차이들에도 불구하고, 이 점은 칸트를 레비나스에 접근시킨다고 할 수 있을 겁니다. 레비나스는 「정치는 이후에!」에서 정치적인 것에 대해 이와 같은 개념을 취하고 있으니까요. 그는 정치적인 것이 정치적인 것 자신과 또는 정치적인 것의 무한한 이념과 잘 맞지 않는다는 점을 인정하지요. 또 그는 칸트가 **영원한 평화를 위한 세번째 한정적**_définif_ **조항**에서 끌어내지 않을 수 없었던 귀결, 즉 "세계시민법/세계정치적 권리[98]는 보편적 환대의 조건들에 국한되어야 한다"는 귀결을 인정합니다. 이 일반적 조항은 사실 많은 수의 조건들에 의해 제약되지요. 보편적 환대는 거기서 다만 법률적이고 정치적일 따름입니다. 그것은 방

---

98 칸트가 쓴 원래의 용어는 Weltbürgrrecht이고 이것은 일반적으로 '세계시민법' 또는 '세계시민적 권리'라고 번역된다. 데리다는 여기에 대응하는 불어 표현으로 droit cosmopolitique를 쓰고 있는데, 우리는 앞서 이것을 논의 맥락상 '세계정치적 권리'라고 옮겼다.——옮긴이

문의 권리를 인정할 뿐 거주의 권리는 인정하지 않아요. 그것은 국가의 시민들만 끌어들이죠. 그런데 그 보편적 환대는 그것의 제도적 특성에도 불구하고 자연적 권리에 근거를 두고 있어요. 사람들이 무한하게 퍼져 살 수 없는 지구의 둥글고 유한한 표면의 공동 소유에 말입니다. 이 자연적 권리의, 그러니까 보편적 환대의 성취는, 세계정치의 헌법에 맡겨집니다. 인류는 거기에 무한정하게indéfiniment 접근할 수 있을 뿐이지요.

그러나 타자에 대한 직접적이고 무한하며 무조건적인 맞아들임을 유보시키고 무한정하게 조건짓는 이 모든 이유들 때문에, 레비나스는 언제나──말장난을 하려는 것은 아닙니다만, 이 말을 하고자 하는데요──**지금의 평화**la paix maintenant를 선호합니다. 또 그는 세계시민주의/세계정치주의cosmopolitisme보다 보편성을 선호하지요. 내가 알기로, 레비나스는 세계시민주의/세계정치주의라는 말을 쓰지 않거나 자신이 고려할 바로 여기지 않습니다. 거기에는 적어도 두 가지 이유가 있었던 것 같습니다. **하나는** 이 정치주의가 순수한 환대를, 따라서 평화를, 무한정한 과정의 한 항으로 귀착시키기 때문이고, **다른 하나는** 잘 알려진 이데올로기적 함축들 때문입니다. 그 함축들에 들어 있는 현대의 반유대주의가, 스토아주의나 바울의 기독교에서부터 계몽주의와 칸트에게까지 전달된 세계정치주의의 아름다운 전통을 억누르고 있기 때문이죠.

칸트에서는 영원한 평화의 설립, 세계정치적 권리와 보편적 환대의 설립이 자연적 적대의 흔적을, 현재적이거나 위협적인, 실제적이거나 잠재적인 적대의 흔적을 지니고 있다면, 레비나스에서는 그 반대가 될 것입니다. 전쟁 자체가 얼굴의 평화적 맞아들임을 증언하는 흔적을 지니니까요. 『영원한 평화를 위하여』의 제2장 첫머리에서 칸트는 자연적 전쟁에 대해 이렇게 선언합니다.

함께 생활하는 사람들 사이에서의 평화 상태는 자연 상태 (*status naturalis*)[*Naturzustand*]가 아니다. 자연 상태란 전쟁의 상태[*Zustand des Krieges*]다. 비록 적대 행위들이 터져 나오지는 않는다 해도[문자 그대로 해석하면 이렇습니다. 비록 적의의, 적대의 폭발이 있지는 않다고 해도: *wenngleich nicht immer ein Ausbruch der Feindseligkeiten*], 그것들은 영속적인 위험[위협의 위험, *Bedrohung*]을 이룬다.[99]

칸트에게 전쟁의 위협은, 단순한 압박—상징적이건 외교적이건 또는 경제적이건—만으로도 평화를 중단시키기에 충분하죠. 이것은 심각하게 취급되어야 합니다. 잠재적 적대는 평화와 양립할 수 없는 것으로 남지요. 이것은 멀리, 또 아주 깊이

---

99 임마누엘 칸트, 『영원한 평화를 위하여』, 이한구 옮김, 서광사, 1992, p. 23 참조. 번역은 데리다가 인용한 프랑스어 번역본(*Vers la paix perpétuelle*, trad. J. F. Poirer · Fr. Proust, GF Flammarion)의 표현을 살리고자 했다.—옮긴이

나아갑니다. 모든 잠재적 반감을 평화와 모순되게 하리만큼요. 그 비유가 무의식적이거나 근본적으로 금지된 것이라 해도 그렇습니다. 어떤 위협이든 조금 나타나기만 해도 평화는 유지될 수 없을 겁니다. 내재성만으로도요. 이 내재성은 평화의 경험에 부정성이 내재해 있다는 것만을 뜻하지 않습니다. 바로 이런 사태 탓에 칸트는 자연적 평화는 존재하지 않는다고 결론 짓지요. 그리고 바로 다음에 말하듯이, 평화 상태는 그러므로 **"설립되어야"**(창설되어야, *gestiftet*) 한다고 결론 내리는 것이죠.

그러나 평화가 설립되고, 정치적으로 숙고되며, 법률적으로 구성되는 한, 평화는 자기 안에 무한정하게, 불가피하게 폭력적 자연의 흔적을 간직하게 되지 않을까요? 평화가 단절했다고 여겨지는, 평화가 중단시키고 금지하고 억압한다고 여겨지는 폭력적 자연의 흔적을 말입니다. 칸트는 그렇게 말하지 않지만, 우리는 칸트와 더불어 또는 칸트에 거슬러, 제도의 평화는 순수하고 또 동시에 순수하지 않다고 말할 수 있지 않을까요? 영원한 약속, 그것은 내가 다른 곳에서 다른 예들에 대하여 정식화했던[100] 논리에 의하면, 위협의 흔적을, 즉 그 약속을 위협하고 또 그 약속 안에서 위협하는 것의 흔적을 간직하

100 J. Derrida, "Avances", Serge Margel의 *Le tombeau du Dieu artisan*, Minuit, 1995의 「서문」.

지 않을 수 없습니다. 그렇게 하여 그것은 약속을 위협으로 오염시키지요. 공모共謀된 판단에 따르면, 특히 약속을 언어 행위 *speech act*로 보는 이론가들에 따르면, 받아들일 수 없고, 용인될 수 없으며, 약속의 본질에 반대되는 위협으로 말입니다. 칸트는 계속해서 이렇게 말합니다.

따라서 평화의 상태가 **설립**되어야 한다[*es muss also gestiftet werden*]. 적대 행위의 삼감은 아직 평화를 확보하지 못하며, 평화가 이웃들 사이에서 보장되는 경우가 아니라면(이런 일은 **법적** 상태에서만[*in einem gesetzlichen Zustande*] 일어날 수 있다) 각자는 그렇게 하도록 촉구한 자를 적으로 취급할 수 있기 때문이다.

만일 모든 일이 현재적이거나 잠재적인 전쟁에 의해 자연으로서 또 자연 속에서 시작된다면, 전쟁과 평화 사이의, 다시 말해 전쟁과 영원한 평화 사이의 대칭적 대립은 더 이상 없을 겁니다. 가능한 전쟁의 흔적을 간직하고 있기에, 환대는 조건적이고 법률적이며 정치적일 수밖에 없어요. 한 민족-국가는, 그러니까 민족-국가의 한 공동체는 평화를 조건지을 수 있을 뿐입니다. 그러한 국가가 환대를, 피난처나 은신처를 제한할 수 있을 따름인 것과 마찬가지죠. 그리고 칸트의 제일의 관심사, 말하자면 유일한 관심사는 제한과 조건을 규정하는 겁니다.

아듀 레비나스

우리는 그걸 잘 알고 있어요. 민족-국가로서의 민족-국가는 그 정체政體가 무엇이든, 그것이 민주주의라 해도, 또는 거기서 다수가 우파든 좌파든, 결코 무조건적 환대를 향해 또는 유보 없는 보호의 권리droit d'asile를 향해 스스로를 열 수 없을 겁니다. 민족-국가로서의 민족-국가에게 그런 것을 기대하거나 요구하는 것은 결코 "현실적"이지 않을 거예요. 민족-국가는 언제나 "이민의 물결을 제어"하려 할 겁니다.

그런데 거꾸로, 레비나스에서는 모든 것이 평화에 의해 시작 된다고 말할 수 있지 않을까요? 비록 이 평화가 **자연적인 것이 아니고**(왜냐하면 우연이 아닌 이유로, 내가 보기에 레비나스에게는 자연 상태를 지시하는 자연 개념이 없기 때문이지요. 또 이것은 중요한 귀결인데요, 자연에 앞서, 아르케의 원초성에 앞서, 그리고 그것을 중단시키기 위해 무-아르케의 전-근원적인 무시간성anachronie이 존재하기 때문이에요), **단순히 제도적이 거나 법률적-정치적인 것도 아니라** 해도, 모든 것은 바로 무-아르케적이고 시간을 거스르는 방식으로, 환대 속에서 타자의 얼굴을 맞아들임에 의해 시작되는 것으로 보입니다. 또한, 제 삼자의 삼자성을 통한 그 맞아들임의 직접적이고 유사 내재적 인 중지에 의해 시작된다고도 말할 수도 있습니다.

그러나 칸트가 묘사한 대칭의 반대인 것으로 보이는 이 대칭 의 파열 역시 양의적인 결과들을 낳습니다. 그것은 전쟁 자체 가, 적대가, 이를테면 살해가, 얼굴에 대한 열림인 원초적 이 맞아들임을 여전히 전제하며 따라서 이 맞아들임을 언제나 나타낸다는 것을 의미합니다. 시나이 이전에 또 시나이 이후에요. 우리가 전쟁을 벌일 수 있는 것은 오직 얼굴에 대해섭니다. 비록 우리가 알레르기를 일으키며 얼굴의 현현을 거부하고 망각하거나 부정한다 해도, 우리가 죽일 수 있는 것은, 바꿔 말해 죽임을 스스로 금할 수 있는 것은, 오직 얼굴의 현현이 일어났을 경우입니다. 우리는 죽임의 금지가, "너는 죽이지 못할 것이다"가 레비나스에서 윤리의 근원임을 알고 있습니다. 이 "너는 죽이지 못하리라"에 "토라의 모든 것"이 모인다고 그는 말하지요.[101] 또 이것은 "타자의 얼굴이 의미하는 것"이기도 합니다.

칸트에게 평화의 제도가 전쟁의 자연 상태의 흔적을 간직할 수밖에 없었다면, 레비나스에서는 거꾸로 타자에 대한 알레르기와 거부, 전쟁 등이 얼굴의 현현으로 드러나는 공간에 나타나지요. 바로 여기서 "주체는 주인"이고 또 "볼모"죠. 바로 여기서, 책임을 지고 외상을 지닌, 강박되고 박해를 받는 지향적 주체성, 즉 ~에 대한 의식은, 우선 환대를, 환대 자체를 제공합니다. 레비나스가 언어의 본질이 선함이라고 주장할 때, 또는 더욱이 "언어의 본질은 우애이고 환대"라고 주장할 때, 그가 나타내려 한 것은 어떤 중지입니다. 대칭과 변증법의 중지죠. 레

---

101   여러 예들 가운데 E. Lévinas, "Pensée et sainteté", *À l'heure des nations*, p. 128 참조. "토라의 모든 것은 그 상세한 묘사들을 통해, 타자의 얼굴이 의미하는 '너는 죽이지 못하리라'에 모이며, 또 거기서 그것의 선포를 기다린다."

아듀 레비나스

비나스는 칸트와 또 헤겔과 단절합니다. 즉, 그는 법률적-세계정치주의와 단절하죠. 이것은 스스로의 부인에도 불구하고 무장된 평화를, 휴전으로서의 평화를 중지시키는 데 이르지 못하니까요. 또, 레비나스는 부정적인 것의 고심에 찬 과정과도, 이른바 "평화의 과정"과도 단절합니다. 이것은 다른 수단으로 여전히 전쟁을 조직해내게 되죠. 그 수단으로 의식의 조건을, "객관적 도덕"(인륜성Sittlichkeit)과 정치의 조건을 만들지 못할 때 말입니다. 이 조건과 관련해서 칼 슈미트[102]의 변증법은 그 공을 여전히 헤겔에게 돌립니다. 그러나 레비나스에게 평화는 부정적인 것의 과정, 동일자와 타자 사이의 변증법적 협정의 결과가 아니에요.

---

102 내가 알기로 레비나스는 슈미트에 대해 말한 적이 없다. 이 정치 이론가는 정확히 레비나스의 대척점에 위치한다. 절대적 대립이 수용할 수 있는 역설과 전복을 모두 예비한 채 말이다. 슈미트는 (환대가 아니라) 적대의 이론가라는 데 그치지 않는다. 그는 윤리로 (법적인 것이 아니라면) 환원될 수 없는 "정치"의 원리에 적敵을 놓을 뿐 아니라, 그 자신의 고백에 의하면, 전체성의 사유에 매달릴 본질적 필요를 지닌 일종의 가톨릭 신-헤겔주의자다. 바로 이 때문에 전체성의 담론이라 할 이 적의 담론은 레비나스에게 절대적 적수로 구현되는 것이다. 이 점은 하이데거의 경우보다 더 엄중해 보인다. 하이데거는 "정치주의"에도 (헤겔주의적인 것으로 추정되는) 전체성의 유혹에도 굴하지는 않기 때문이다. 존재의 문제는 존재의 초월(하이데거가 곧잘 인용하는 어구인 *epekeina tes ousias*)을 통해 존재자의 전체성 너머로 나아간다. 이렇듯 전체성 너머로의 이행은 적어도 그 형식성에서는 하이데거가 로젠츠바이크 못지않게 그 필요성을 인정하는 운동이었다. 이를 통해 우리는 지적 유산이 얼마나 긴장되고 불안정하게 얽혀 있는지를 볼 수 있다.

타자는 헤겔이 바랐던 것처럼 동일자의 부정이 아니다. 동일자와 타자로 나눠지는 존재론적 분할의 기초적 사태는 동일자가 타자와 맺는 비-알레르기적 관계다.[103]

이 말은 『전체성과 무한』의 마지막 부분에 나옵니다. 그것은 평화를, 지금의 평화를 선언합니다. 평화의 모든 과정 이전의 또 그 과정 너머의 평화를, 모든 "당장의 평화 운동*peace now movement*"[104] 이전의 평화를 선언하지요.

이 전-근원적인 환대 또는 과정 없는 이 평화와, 다른 한편으로 정치, 즉 현대 국가의 정치(이 국가가 실존하든 구성 중에 있든), 예를 들어—이것은 하나의 예일 뿐이니까요—이스라엘과 팔레스타인 간의 "평화의 과정" 중의 정치 같은 정치 사이의 규칙이나 매개적 도식은 어디에 있을까요? 오늘날 그런 것에 의거한다고 주장하는 온갖 수사修辭와 전략들은 그런 일을 "정치"의 이름으로 또 정치를 위하여 하고 있어요. 서로 다를 뿐 아니라 명백히 적대적이고 양립 불가능한 정치들의 이름으로요.

『전체성과 무한』의 마지막 부분들은 "거주"라는 제목이 붙

103   E. Lévinas, *Totalité et Infini*, p. 282.
104   'Peace Now'는 이스라엘의 비정부 조직으로, 1978년에 설립되어 이스라엘과 팔레스타인의 갈등을 두 개의 국가를 인정하는 방식으로 풀고자 활동해온 자유주의적이고 행동주의적인 집단이다.—옮긴이

은 장에서 언어를 비-폭력으로, 평화로, 환대로 명명했던 그 명제들을 다시 제시합니다. 레비나스는 거기서 "언어에서 생산되는"것에 대해, 이를테면 "경계가 없고 어떤 부정성도 없는 타자와의 이 **평화로운**[강조는 데리다] 관계의 긍정적 전개"에 대해 말합니다. 몇 줄 내에서 두 번이나 "환대"라는 단어가 집으로의 거둬들임에 상응하는 것으로 나타나죠. 그런데 이것은 **맞아들임**으로서의 **거둬들임**이에요.

> 타인에게 열린 집으로의 거둬들임──환대──은 인간적 거둬들임과 분리의 구체적이고도 최초의 사태다. 이 거둬들임은 절대적으로 초월적인 타인에 대한 욕망과 합치한다.[105]

거주의 자기 집에 있음은 문닫기를 뜻하는 것이 아니라, 타자의 초월을 향한 욕망의 자리를 뜻합니다. 거기서 드러나는 분리는 맞아들임의 그리고 타자에게 제공된 환대의 조건이지요. 그 자신이 분리를 전제하는 이 근본적 타자성이 없다면 맞아들임도 환대도 없을 겁니다. 이 사회적 끈은 그것[탈연관]이 없다면 정신적인 어떤 날숨이나 들숨도 불가능해질 탈연관의 특정한 경험입니다. 거둬들임은, 함께-존재함 그 자체는, 무한한 분리를 전제하는 것이죠. 그러므로 자기 집에 있음은 이제

---

105 같은 책, p. 147.

자연이나 뿌리인 것이 아니라, 방랑에 대한, 방랑의 현상에 대한 응답인 거예요. 자기 집에 있음이 방랑을 멈추게 하는 것이죠.

이 공리는 민족의 공간에 대해서도 적용됩니다. 땅이나 영토엔 자연적인 것은, 뿌리내린 것은 아무것도 없어요. 비록 신성한 것인 경우라 해도, 거기에는 자연적으로 차지하기 위한 소유가 전혀 없죠. 땅은 모든 환대 이전에, 처음으로 차지한 자에게 이미 제공된 환대를 줍니다. 손님/주인hôte에게 임시로 허락된 환대를 주는 것이죠. 그가 그 자리를 지배하는 자로 남게 된다 해도 말입니다. 그는 "자신의" 집에 자기가 받아들여진 것을 봅니다. 『전체성과 무한』 가운데 등장하는 "집", 가정家庭, "거주"—여기서 여성의 형상은 절대적으로 맞아들이는 자라는 본질적 역할을 행하지요—는 선출하는 선택에 의해 **선택된, 선출된, 차라리 승인된,** 맡겨진, 할당된 집입니다. 자연적인 자리가 결코 아니죠.

선택된 집은 (레비나스는 절대적으로 초월적인 타인에 대한 욕망으로서의 환대를 언급한 바로 뒤에 이렇게 이야기합니다) 뿌리내림의 정반대다. 선택된 집은 끌어냄을, 이 끌어냄을 가능케 했던 방황을 지시한다. 이 방황은 정착에 비해 **모자란 것**moins이 아니라 오히려 남는 것, 타인과 맺는 관계 또는 형이상학의 잉여다.[106]

아듀 레비나스

『전체성과 무한』의 마지막 부분들에서 환대하는 평화와 뿌리 뽑힌 방랑이라는 같은 주제가 등장합니다. 일반적 의미의 정치적인 것을 지나서, 같은 논리가 전혀 다른 영역을 엽니다. 국가 이전의, 국가 너머의, 국가 밖의 영역을 말이지요. 그러나 우리는, 왜 그 논리는 이 "상황"을 이제 더 이상 맞아들임의 여성성이 아니라, 레비나스가 부성적父性的; parternel인 번식성 fécondité이라고 부른 것의 둘레에 집중시켰는지 질문을 던질 수 있습니다. 이것은 또 다른 커다란 문제, 훨씬 더 경이로운 문제, 즉 "가족의 경이로움"의 문제가 됩니다. 이것은 "번식성의 무한한 시간"을—물론 비생물학적인 번식성이지요—"에로티즘의 순간과 아버지됨parternité의 무한"을 구체화합니다.[107]

『전체성과 무한』의 「결론」이 평화와 환대를 공표하는 분위기("형이상학 또는 타자와의 관계는 봉사로서 그리고 환대로서 성취된다"[108]) 아래 놓이기는 하지만, 그 결론은 환대하는 이 맞아들임을 더 이상 "여성적 존재"("거주"의 "진정으로 환대하는 맞아들임" "진정한 맞아들이는 자" "자기에게로 맞아들임")로 데려가지 않고, 부성적 번식성으로, "무한하고 비연

---

106 같은 곳.

107 같은 책, p. 283.

108 같은 책, p. 276, 282과 여러 곳 참조.

속적인 시간"[109]을 여는 번식성으로 데려갑니다. 여기에 대해 우리는 앞에서, 이것이 아들과, 즉 "유일한 아들" "선출된 아들"로서의 아들 각각과, 배타적인 것은 아니더라도 본질적인 관계를 가진다는 점을 환기한 바 있지요. 여성적 존재가 "진정으로 맞아들이는 자"를 나타내는 것 같았던 곳에서 이제 아버지가 무한한 주인hôte 또는 무한의 주인이 됩니다.

문제가 되는 것은, "주체성의 자기중심적 항의"가 아니라, 성차의 오직 한 측면으로부터 아버지됨의 법칙 아래 여기 각인된 것을, 즉 "번식성의 무한한 시간"을 국가에 맞세웠다는 점입니다. 이 고집스런 몸짓에 의해, 주관적 항의에 대한 이 항의에 의해, 레비나스는 그와 매우 가까운 두 사상가와 갈라서고자 하는 것 같습니다. 키에르케고르(레비나스는 다른 곳에서 이삭의 "희생"과 아브라함의 부성적 면모에 대한 키에르케고르의 해석에 이의를 제기하죠)와 로젠츠바이크라는 인물 말입니다. 이 두 사람 앞에서 레비나스는 한 순간, 국가의 보편성을 정당화해줄 헤겔의 논변에 끌리는 척하죠. 그러나 레비나스는 에고ego의 주관적 유한함에 스스로를 가둘 필요가 없다는 점을 드러내놓고 이해시키기 위해 그런 척하는 겁니다. 그 유한함으로부터 우리를 보호해줄 것이 바로 "번식성"입니다. 아버지-아들 관계의 무한한 시간 말입니다.

109 같은 책, p. 277과 여러 곳 참조.

주체성이 행하는 이 자기중심적 항의에 대해서는—일인칭에 입각한 이 항의에 대해서는—헤겔이 말하는 현실의 보편주의가 아마 이유 있는 것일지 모른다. [……] 그러므로 자아는 선함 속에서 보존된다. 이때 체계에 대한 자아의 저항은, 여전히 행복과 구원을 염려하는 키에르케고르의 주체성이 갖는 자기중심적 울부짖음으로 나타나지 않는다.[110]

명백한 역설이죠. 아르케 없음, 무 아르케의 진리가 부성적이 되어야 합니다. "국가의 전제정치"에 대항하여 귀결되는 항의로서 말입니다. 전-근원적인 환대, 무 아르케적인 선함, 무한한 번식성, 아버지됨 등은 의심할 바 없이 알레르기에 자리를 내줄 수 있어요. 이것은 거의 지속적으로 일어나는 일입니다. 그래서 이것은 근원 이전에 도래한 것을 망각하고 부인하거나 억압하죠. 역사의 일반적 경험에 의해서요. 레비나스에 따르면, 억압의 이 부정성은 언제나 이차적입니다. 레비나스가 경계하는 정신분석학적 코드로 흔히 말해지는 것처럼, 그것이 원초적 억압이라고 해도 말입니다. 이 부정성은 그 근원적 이차성 속에서, 그 자신에게 반反하듯, 자신이 망각한, 부정한, 억압한 바로 그것을 다시 입증하게 될 겁니다. 그래서 비환대, 알레르

110 같은 책, p. 277, 282.

기, 전쟁 등등은, 모든 것이 그것들의 반대물인 환대에 의해 시작된다는 점을 여전히 **증언하는** 것이죠.

이렇게 해서 위계적인 비대칭성이 남습니다(이것은 명백히 칸트의 위계적 비대칭성이 거꾸로 된 것이죠). 전쟁, 알레르기, 환대하지 않는 거부는 다시 환대로부터 파생됩니다. 적대는 환대를 드러내죠. 적대는 그 자신에 반하여 환대의 현상으로 머뭅니다. 전쟁은 언제나 다른 수단에 의한 평화의 지속으로 해석될 수 있다는, 또는 어떻든 평화나 환대의 중단으로 해석될 수 있다는 끔찍한 귀결과 함께 말이지요. 그러므로 종말론적 평화에 대한, 그리고 그 무엇도—근원이라 할지라도—앞세우지 않는 환대하는 맞아들임에 대한 이 메시아적 거대 담론에서 우리는 정치적 상호이해주의irénisme를 제외한 모든 것을 인정할 수 있게 됩니다.

전쟁이 평화를 여전히 증언한다는 것, 전쟁이 평화의 현상이 된다는 것이 레비나스가 공표한 귀결이 아니라는 것은 의심할 여지가 없습니다만, 그렇게 될 위험은 남아 있습니다. 어떻든 우리가 분명하게 듣게 되는 것은, 타인의 초월을 환대하지 않는 망각이, 알레르기가, 요컨대, 언어에 대한 이 망각이 여전히 증언이라는, 무의식적 증언이라는 얘깁니다. 만일 그것이 가능하다면요. 이 망각은 그 자신이 망각한 바로 그것을 **입증한다**는 거죠. 말하자면, 초월을, 분리를, 따라서 언어와 환대를, 그리고 여성과 아버지를 입증한다는 겁니다. 자, 이것은 "자신의 거주에" "거주하는" 것이에요.

그러나 분리된 존재는 그의 자기중심주의에, 다시 말해 그의 고립의 성취 자체에 틀어박힐 수 있다. 그리고 타인의 초월을 망각할 이 가능성—어려움 없이 자신의 집에서 모든 환대(즉 모든 언어)를 몰아낼 가능성, 차아에게 자기에 틀어박힘을 허용할 뿐 초월적 관계를 자신의 집에서 몰아낼 가능성—이 절대적 진리를, 분리의 근본주의를 **입증한다.** 분리는 단지, 변증법적 방식으로, 자신의 이면인 초월과 상관관계를 맺는 것이 아니다. 분리는 긍정적인 사건으로 성취된다. 무한과 맺는 관계는 자신의 거주 속에서 거둬들인 존재의 다른 가능성으로 거주한다. 집이 타인에 열릴 가능성은 닫힌 문 또는 닫힌 창문만큼이나 집의 본질에 본질적이다.[111]

언어 또는 타인의 초월이 환대하는 우애 그 자체이거나 그 우애를 **번역한** 것이라면, 그 번역에 대한 해석은 혼란스러운 방식으로(우리가 방금 보았듯, 매 순간 이 구별이 사라질 위험이 있기 때문에 혼란스러운 거죠) 레비나스의 "평화" 개념을 칸트의 개념과 구별해줍니다. 칸트의 이 역설적 유산은 묘지의 평화를 언뜻 암시하는 것으로 환기되는 것 같군요. 여기에 대해

111 같은 책, pp. 147~148. 강조는 데리다.

서는『영원한 평화를 위하여』에서도 비꼬듯 다룬 바 있지요. 칸트에서처럼 레비나스에서도 영원한 평화는 살아 있는 자들의 평화로 남아야 합니다.

근본적 분리의 다원론에서 다원성이란 전체 공동체의 다원성이 아닙니다. 그것은 전체의 응집이나 정합을, "다원성을 구성하는 요소들의 정합"을 뜻하지 않지요. 그러므로 근본적 분리의 다원론을 규정하기 위해서는 평화로서의 다원론을 사유할 필요가 있습니다.

다원성의 통일, 그것은 평화이지 다원성을 구성하는 요소들의 정합이 아니다. 그러니까 평화는 한편이 승리하고 다른 편이 패배하여 전투원이 없어져서 전투를 멈추는 전투의 종말과 동일시될 수 없다. 다시 말해, 평화는 묘지들이나 미래의 보편적 지배력과 동일시될 수 없다. 평화는 나의 평화여야 한다. 평화는 자아로부터 출발해 타자로 나아가는 관계 속에, 욕망과 선함 속에 있다. 여기서 자아는 자신을 유지하는 동시에 자기중심주의 없이 실존한다.[112]

『전체성과 무한』의 「서문」은 이미 "제국의 평화"를 거부했지요. 이것에 대해서는 오늘 더 말할 것이 있을 겁니다. 물론 **로마**

112   같은 책, p. 283.

의 평화*pax romana*를 넘어서서 말이죠. "전쟁에서 나온 제국의 평화는 전쟁에 근거를 둔다"라는 글귀를 우리는 그「서문」에서 읽을 수 있어요.

그러므로 이 평화의 개념은 칸트의 방향으로 나아감과 동시에 칸트를 거스릅니다. 칸트는 그 자신이 기독교도임과 동시에 계몽*Lumières*의 인간이기도 했지요. 그는 평화를 순수하게 정치적인 방식으로 또 국가로부터 사유했어요. 이 정치의 정치적인 것이 늘 그 자신에게 잘 맞지 않았다 해도 말이죠. 레비나스는『전체성과 무한』에서 국가를 끈질기게 비판하면서 "국가의 전제정치"와 "국가의 익명적 보편성"[113]을 규칙적으로 문제 삼습니다. 환대가 정치적이거나 국가적인 것이 되는 사태는 물론 어떤 열망에 대한 응답이에요. 게다가 그것은 제삼자의 호소에 상응하죠. 하지만 그것은 "자아와 타자를 왜곡"합니다. 그것은 전제적 폭력을 도입하기 쉽지요. 바로 이 점 때문에 정치를 결코 "그 자신에" 맡길 수 없는 것이죠. 정치는 언제나 "궐석으로*par contumace*" 재판을 할 겁니다. 죽은 자들과 부재한 자들에 판결을 내리겠죠. 요컨대, 거기서는 얼굴이 현전하지 않아요. 누구도 "내가 여기 있습니다"라고 말하지 않지요. **궐석**이 권리 및 정치와 관련하여 의미할 수 있는 것이 무엇인지는 앞으로 생각해보아야 할 겁니다. 레비나스가 이 말 또는

---

113   같은 곳.

이 형태로 사용한 인상적이지만 잘 드러나지 않는 용례를 넘어서서 말이죠. 강조를 통해 살펴봅시다.

형이상학 또는 타자와의 관계는 봉사로서 그리고 **환대**로서 성취된다. 타인의 얼굴이 우리를 **제삼자**와 관계 맺게 함에 따라, 타인에 대한 나의 형이상학적 관계는 우리라는 형식으로 흘러들어가고, 보편성의 원천인 국가, 제도 그리고 법을 열망하게 된다. 그러나 **그 자신에 내맡겨진 정치는 자기 안에 전제정치를 가지고 있다**. 정치는 자신을 야기한 자아와 타자를 **왜곡시킨다**. 왜냐하면 정치는 자아와 타자를 보편적 규범에 따라 심판하며, 그렇게 하여 **궐석**으로 판결을 내리는 셈이기 때문이다.[114]

정치적인 것은 숨깁니다. 보아야 할 것을 주기 때문이죠. 그것은 자신이 드러내는 것을 감춥니다. 얼굴이 보이도록 하면서, 얼굴을 공적 현상의 영역으로 끌고 오거나 끌어당기면서, 바로 그렇게 하여 얼굴을 보이지 않게 합니다. 가시성이 얼굴의 불가시성을 불가시적으로 만들죠. 얼굴의 현현을 후퇴시킵니다. 그러나 이것은 이렇듯 얼굴을 보여줌으로써 얼굴의 비가시성을 숨기는 유일한 방식은 아니에요. 정치적인 것의 폭력은 얼굴의 단일성이 일반성 속에서 사라지게 함으로써 다시 얼굴

114 같은 책, p. 276.

아듀 레비나스

을 훼손하죠. 이 두 폭력은 그 바탕에서는 같습니다. 레비나스는 "단일성으로서의, 또 얼굴(정치적인 것의 가시적인 것은 얼굴을 비가시적인 것으로 남겨둔다)로서의 타인에 대한 주의, 그리고 나의 단일성 속에서만 생산될 수 있는 주의"를 언급하면서 이 둘을 결합시킵니다. 그리고 곧바로, 키에르케고르와 로젠츠바이크에 대한 어떤 해석으로서, 설명을 덧붙입니다. 이 대목을 아래에 다시 인용할 필요가 있습니다. 이번에는 여기 나오는 저 "아마peut-être"를 강조하기 위해서입니다.

주체성은 이렇게 진리의 작업 속에서 복권되지만, 자신에 해를 입히는 체계를 거부하는 자기중심주의로 복권되는 것은 아니다. 주체성이 행하는 이 자기중심적 항의에 대해서는——일인칭에 입각한 이 항의에 대해서는——헤겔이 말하는 현실의 보편주의가 아마 이유 있는 것일지 모른다.[115]

"아마" 그럴지 모르죠. 그러나 이때 국가는 아마 고발하기가, 즉 한계를 정해주기가 더 어렵게 될 겁니다.

이 "전제정치"나 "익명적 보편성"의 영역에는 그 이름에 합당한 평화가 존재할 수 없다는 것은 틀림없지요. 하지만 우리는 이제 이 정치의 위상이 그 접힌 곳에서 충분히 꼬여 나타난

115   같은 책, pp. 276~277.

다는 것을 예감할 수 있습니다. 레비나스는 "국가 바깥에서 스스로를 확인하는" 것(평화, 환대, 아버지됨, 무한한 번식 등등)이 국가 속에 틀을 갖는다고, "국가가 그에게 어떤 틀을 남기는 경우에조차, 국가의 바깥에서 스스로를 확인"한다고 인정하니까요.

그러므로 정치적인 것의 이 구조적 복잡함에는 어떤 위상학적 운명이 있습니다. 우리가 앞서 말한 초월의 고립 영역이 있어요. 윤리와 정치적인 것 사이의 경계는 거기서 어떤 한계가 지닌 불가분의 단순성을 영원히 잃어버립니다. 그 점에 대해 레비나스가 뭐라고 말할 수 있든, 이 한계의 결정 가능성은 결코 순수하지 않았고 앞으로도 그렇지 않을 거예요. 초과의 이 포함 또는 내재성 속의 이 초월을 우리는 이후에 나온 텍스트들을 통해 따라가볼 수 있습니다. 예를 들면, "국가 속에서 국가 너머"나 "카이사르의 국가와 다비드의 국가" 등을 통해서요. 궁극적 위반transgression hyperbolique이 자기로의 내재를 해체시킵니다. 그 해체disjonction는 내재를 언제나 이 전-근원적인 탈-소유 또는 탈-점유로 귀착시키죠. 이것은 주체로부터 주인과 볼모를 만듭니다. 모든 초대에 앞서 선출된 자신을, 타자의 집처럼 자기 집에 초대받고 또 방문한 자신을 발견하는 어떤 이를 만드는 것이죠. 그는 타자의 집에서 그의 집에chez lui chez l'autre 있습니다. 주어진 자기 집chez soi에서요. 또는 차라리 빌린, 지급된, 모든 계약에 앞서 마련된 자기 집이라고 할까

요. "임차에 선행하는 빛의 무시간성anachronisme"[116] 속에서
말이죠.

이 앞섬의 논리, 평화적이며 온화한 동시에 불가피한 논리에
의하면, 맞아들이는 자는 맞아들여집니다. 맞아들이는 자는
우선 그가 맞아들인다고 이해하는 타자의 얼굴에 의해 맞아
들여지는 자신을 발견하죠. 비록 이 평화가 국가적인 것이거나
정치적인 것이 아니고, 칸트의 언어로 세계정치적인 것도 아니
라 해도, 레비나스는 자신의 언어가 칸트의 언어와 공명하는
것을 피하려 하지는 않습니다. 이것은 묘지를, 죽은 자들의 평
화가 아니어야 할 평화를 비꼬듯 암시하는 데서 드러나죠. 자
주 그렇듯, 레비나스는 칸트 곁에 머무르려 합니다. 그는 칸트
의 방향에서 말을 하죠. 문자 그대로 그리고 전적으로 칸트주
의자는 아니라고 해도—물론 당연히 그건 아닙니다—그가
스스로를 칸트에 맞세울 때조차 그는 칸트의 방향에서 말을
합니다.

사람들의 관심을 거의 받지 못하는 세부 사항들이 으레 그
렇듯, 칸트의 이 풍자 장면에서 쉽게 사라져버리고 마는 바를
강조해보도록 하지요. 묘지의 평화를 끌어들이면서 칸트는 여
인숙 주인, 호텔 주인, 유숙시키는 여관의 간판 등을 거론합니
다. 우리는 우선 환대의 기호라는 기호 아래, 환대의 간판으로,

116   E. Lévinas, *Autrement qu'être ou au-delà de l'essence*, p. 143.

호텔 주인의 좋은 말로 맞아들여지지요. 주인의 의심스러운 말이나 여관주인(*Gastwirt*)의 불량한 정신으로 맞아들여집니다. 그래서 우리는 『영원한 평화를 위하여』의 「서문」에서부터, 그 문턱에서, 일종의 경고문을 통해 받아들여지죠. 이 경고문 앞에는 표제가 있는데, 그것은 하나 이상의 역할을 합니다. 즉, 그것은 자리를 잡아주고 또 알려주죠. 이제 다루어질 영원한 평화를 말입니다. 게다가 그것은 피난처 또는 유숙처이기도 합니다. 그렇게 하면서 이 제목은 약속하고, 인사하고, 헌정합니다. *Zum Ewigen Frieden*(영원한 평화에게, 또는 영원한 평화를 위하여). 그래서 칸트의 첫번째 말들은 우리를 두 가지 평화 사이의 혼동에서, 피난처와 묘지 사이의 혼동에서 지켜줍니다.

묘지가 그려져 있는 저 네덜란드의 어느 여관주인의 간판에(*auf dem Schilde jenes holländischen Gastwirts*) 새겨진 이 풍자적 표제가 **인간** 일반에게 타당한 것인지, 아니면 특별히 전쟁에 싫증을 낼 줄 모르는 국가의 통치자들에게 타당한 것인지, 또는 단순히 달콤한 꿈을 꾸는 이 철학자들(*die Philosophen*)에게나 타당한 것인지는 미결정 상태로 유보해두자[*Ob... mag dahin gestellt werden*: 그렇지 않은지를 아는 문제는 유보 상태로 놔둘 수 있다는 겁니다. 표제나 간판처럼 말이죠].

영원한 평화를 위하여. 그러므로 이것은 영원한 평화의 모호한 약속이 될 것입니다. 유보 없는 환대의 애매한 또는 위선적인 약속이 될 겁니다. 그러나 칸트는 국가의 통치자들과 모든 시대의 강경파들이 그것으로 우리를 위협하는 무덤을 원하지 않고, 평화주의 철학자의 "달콤한 꿈"을 원하지도 않아요. 관념론적이고 무력한 유토피아를, 꿈과 같은 상호이해주의를 원하지 않지요. 이 끔찍한 양자택일에 대한 응답으로 칸트가 제시한 환대의 권리와 세계정치주의는 규칙들과 계약들의 집합체입니다. 그것은 국가 간의 조건들로, 기독교의 지평 위에서 재해석된 자연적 권리의 바탕 위에서 그 권리가 보장하는 환대 자체를 제한하죠. 피난의 권리는 이 규칙들에 의해 아주 엄격히 제한됩니다. 우리가 여기서 이 텍스트를 분석할 시간은 없습니다. 그럴 자리도 아니고요. 우리는 다만, 피난의 권리와 우리 시대의 모든 긴급함과 관련해서 오늘날 그 어느 때보다도 더 중요해진 차이를 칸트와 레비나스 사이에서 분명히 하려는 것뿐입니다. 우리 시대, 도처에서, 이스라엘에서, 르완다에서, 유럽에서, 아메리카에서, 아시아에서, 그리고 세계의 모든 성베르나르 성당들에서, 수백만의 "상-파피에"(불법이민자들)와 "정해진 주거가 없는 사람들"이 동시에, 다른 국제적 권리를, 다른 국경의 정치를, 다른 인도적인 것의 정치를, 즉 민족-국가의 이해관계를 넘어 **효과적**으로 작용하는 인도적 참여를 요구하고 있다는 긴급함과 관련해서 말이지요.

VI

잠시 예루살렘으로 돌아가봅시다.

"우리는 예루살렘의 문으로 접근해갑니다."

접근이란 무엇이죠? 그리고 이 접근은 언젠가 멈출 건가요?

예루살렘으로 가봅시다. 레비나스의 죽음, 분리séparation의
이 이별séparation 후 1년 뒤에.

이별의 아-듀는 우리에게 아직 이 은총을 남겨놓았어요. 그
덕택에, 그의 말을 듣고 그의 글을 읽고, 흔적에 따라 그를 맞
아들이며 그를 받아들이는 은총을요.

우리는 이러한 기회가 갖게 될 가능성을 깊이 생각해볼 수
있어요. 다시 말하자면, 그 가능성을 긍정할 수 있습니다.

아듀 레비나스

한 번은 이 글쓰기 내에서, 한 번은 모든 글쓰기를 위하여, 아-듀라고 말함은 인사와 약속을, 환영과 이별을 한 단어에서, 그러나 무한하게 교차시킵니다. 이별의 한가운데서의 환영을, 성스러운 이별을 교차시킵니다. 죽음의 순간에, 그러나 또한 바로 그 순간에 타자와 맞닥뜨리면서, 맞아들임의 몸짓 속에서, 그리고 언제나 무한하게 말이지요. 아듀.

의심할 바 없이 무한하게, 왜냐하면 아-듀는 무엇보다 "무한의 관념"을 말하니까요.

이런 의미에서 그것은 데카르트에 대한 아듀의 인사이기도 합니다. 우리가 앞서 시사했듯,[117] 데카르트라면 내 속의 무한 관념에 관한 유산을 이 같은 방식으로 방향전환하는 데서 레비나스를 뒤따라야 할지 아마 망설였을 겁니다. 우리는 어떻게 이런 방향전환이 이루어지는지를 기록해둘 필요가 있습니다. 또 레비나스가 데카르트로부터 스스로를 분리시키는 운동을 묘사할 필요가 있습니다. 그것은 아-듀라고 말함을 위해서입니다. 아-듀à-Dieu, 즉 "신-에게"에서 "에게"를 위해, 이 에게의 역할tour과 방향전환détournement을 위해서지요. "관념의 수학적 명석판명으로 만족하는 데카르트의 관심을 끌지 못할" 어떤 것을 설명하는 바로 그 순간에 말입니다. 무한 관념의 모든 역설은 "데카르트의 체계에서는 지식을 탐구하는 데 종속"

---

117 본서 98쪽의 각주 48을 보라.

되니까요. 레비나스는 후설이 데카르트에게 한 비판과 자신의 비판 사이의 유사점을 인정하지요. 비록 우리가 앞서 말한 현상학의 현상학적 중지를 확고히 받아들이지만요. 그러면서 레비나스는 아-듀를, "동일성의 자기 동일시"와도 "자기의식"과도 합치하지 않는 이 "무한 관념의 비상한 구조"라고 부르지요. 그것은 "에게"가—이것이 그것의 역할이죠—무한을 향해 자기를 돌려놓기se tourner 때문입니다. 이렇게 자기를 돌려놓기조차 전에 그것은 돌려지지요. 무한에 의해 무한을 향해서요. 정의定義상 그것이 이렇게 척도를 벗어나는 것을 잴 수 없다고 해도 그렇습니다. 또 레비나스는 프랑스어에서 "à(에게)"의 부적합성을 지적하고 지나갑니다. 레비나스는 다름 아닌 이런 방책을 그 단어로 만들어낸 바로 그 순간에 그런 지적을 합니다.[118] 이 전치사préposition à(에게)는 무한에 맡겨집니다/전치前置됩니다préposé. 스스로를 이 전치사에 전치前置하고 있는 무한에 말이에요. 이 à(에게)는 단지 무한에게만 유일하게 열려 있지 않습니다. 그것은 신에게 말함에 열려 있죠. 달리 말해, 그것은 자신의 방향으로 자기를 돌리고 자기를 보냅니다. 우선 거기에 응답하기 위해, 우선 그것으로부터 응답하기 위해서요. 그것은 자신의 "에게"를 무한에게, 이 "에게"를 부르고 자신을 그것에게 보내는 무한에게 보냅니다. 그것은 자신

---

118   E. Lévinas, *De Dieu qui vient à l'idée*, p. 250.

의 폭을 지닌 무한에게, 에게의 준거référence-à를, 에게의 관계 relation-à를 열어줍니다. 그것은 옛날부터 그랬지요. 모든 것에 앞서, 신에게 주거나 신을 용서하기에 앞서, 신에게 속하기에 앞서, 무엇이건 그 무엇에 앞서, 존재 자체에 앞서, 모든 현재에 앞서, 그것은 한 욕망의 초과에 자신을 **바쳤습니다**. 아-듀라는, 신에게라는 욕망 말이지요. 그는 그것에 깃듭니다. 신, 그는 **그곳에 깃들기를 욕망하지요**. 이것은 아-듀라는, 신에게라는 욕망입니다.

내가 무한을 사유하는 것은 지향적 노림을 가진 목적성에서가 아니다. 가장 심오한, 그리고 모든 사유를 지탱하는 나의 사유, 유한에 대한 사유보다 훨씬 오래된 무한에 대한 나의 사유는 시간의 통시성 자체다. 그것은 비-합치고, 박탈이다. 의식의 모든 행위에 앞서 "바쳐진" 방식이다. [……] 헌신인 바쳐진 방식. 신에게. 이것은 분명히 말해 노에시스-노에마의 복합체 속에서의 지향성이 아니다. [……] 아-듀 또는 무한의 관념은 지향성이나 열망이 그 장르를 묘사할 수 있을 영역이 아니다. **욕망의 동역학**은 오히려 코기토보다 더 심오하고 더 오래된 사유를 아-듀에 귀착시킨다.[119]

119 같은 곳.

왜 여기서 욕망을 거명할까요? 그리고 왜 욕망이 무엇에 깃 드는지를 또는 무엇에 **깃들기를 욕망하는지**를 언급하는 걸까 요? 또 왜 그것을 예루살렘의 이름과, 예루살렘의 특정한 욕망 과 결합시키는 걸까요? 그곳에 깃들려는 욕망으로서의 욕망과 말이지요.

우리는 환대의 윤리와 정치에 대한 논의를 마무리짓는 순간 에 그렇게 하고 있어요. 그러한 질문들에 응답하기에 앞서 다 음과 같은 점을 상기해보려고 합니다. 아-듀가 무엇에 깃드는 지를 말하는 순간에 레비나스가 신에게서 낯선 이에 대한 사 랑을 환기시키는 것은 드문 일이 아닙니다. 신은 우선 "낯선 이 를 사랑하는"[120] 자일 겁니다. 이것은 척도를 벗어남이죠. 척

---

120 예를 들어, 아-듀의 헌신(위에서 언급한 "헌신인 바쳐진 방식"을 보라)을 거 론한 후에 레비나스는 이렇게 말을 잇는다. "헌신, 이것은 자신의 존재-사이에서- 벗어남/탈-이해관심dés-inter-essement 속에서, 정확히 말해 어떤 목표도 아쉬워 하지 않고, 내가 응답해야 하는 다른 인간을 향해—자신을 드러내기보다는 '낯선 이를 사랑하는' 신에 의해— 방향전환을 한다. 상호성의 염려가 없는 책임. 나는 나에 대한 타인의 책임을 걱정하지 않고 타인에 대해 응답해야 한다. 상호관계 없 는 관계 또는 에로스 없는 사랑인 이웃에 대한 사랑. 다른 사람을 위해 그리고 그럼 으로써 신-에게!"(같은 책, pp. 12~13) 또는 "그러나 기억할 수 없는 것의 이 '깊 은 옛날'로부터의 관여는 내게 질서와 요구로, 명령으로, 다른 사람의 얼굴 속에서, '낯선 이를 사랑하는' 신의 얼굴 속에서, 비가시적인, 주제화될 수 없는 신의 얼굴 속에서 되돌아온다. [⋯⋯] 이 무한에 나는 비-지향적 사유에 의해 바쳐지는데, 우 리 언어의 어떤 전치사도—우리가 방책으로 삼는 '에게'조차도 그것의 헌신을 번 역할 수 없을 것이다. 아-듀의 통시적 시간은 동시에 헌신이고 초월인 유일한 암호 다"(같은 곳).

도를 벗어난다는 것은 또한, 죽음에서 결정되는(이것이 왜 그때 인사가 아듀인가의 이유입니다) 비-상호성으로서, 대칭의 또는 공약성의 중지로서 있는 것이니까요. 그것은 선線, 결합의 선이라고 할 수 있습니다. "아듀"를 분리시키는 결합의 선, "아-듀"의 결합 선인 것이죠. 존재 너머의 아-듀, 거기서는 신이 실존해야 하는 것이 아닐 뿐만 아니라, 신이 나를 주어야 donner 하는 것도 나를 용서해야pardonner 하는 것도 아닙니다. 나를 저버릴abandonner 수 없을 신에 대한 신앙 또는 헌신이란 과연 무엇일까요? 신의 염려를 보장받아야, 나는 그 신앙이나 헌신에 대해 절대적으로 확신하게 될까요? 나를 주거나 나에게 자신을 줄 수 있을 따름일 신에 대해서요? 누가 나를 선출하지 않을 수 없을 것이라는 건가요? 레비나스라면 이 마지막 명제들에 동의했을까요? 즉, 아-듀가 인사나 기도로서, 실존할 수 없을(더 이상 실존하지 않거나 아직 실존하지 않을) 뿐만 아니라 나를 저버릴 수 있고 어떤 결합이나 선출의 운동에 의해서 나를 향하지 않을 수 있는 신에게 전달되어야 한다는 데 동의했을까요?

욕망, 낯선 이에 대한 사랑, 척도를 벗어남, 이것이 내가 아듀라는 표제 아래 이 결론에 새겨놓고자 하는 것들입니다. 예루살렘에 접근하면서요.

자신을 드러내기보다 "낯선 이를 사랑하는 신"은 그래서 존재와 현상 너머의, 존재와 무 너머의 신이 아닐까요? 그 신은 말 그대로 **존재**하지 않고 "존재에 의해 오염되지" 않았다 해도 아-듀를, 인사를, 성스러운 이별을, "낯선 자에 대한 사랑"으로서의 욕망에 바치는 신이 아닐까요? 신의 "실존" 이전에 또 저 편에서, 신의 있을 법한 있을 법하지 않음 바깥에서, 가장 절망적이지는 않다 해도 가장 세심한, 가장 "깨어난dégrisé"(레비나스는 이 말을 좋아합니다) 무신론에 이르기까지, 아-듀라고 말함은 환대를 의미할 겁니다. 이것은 내가 방금 성급하게 그렇게 했듯 "낯선 이에 대한 사랑"이라고 명명할 만한 어떤 추상이 아닙니다. 오히려 "낯선 이를 사랑하는 **누구**"(신)인 것이죠.

누가 낯선 이를 사랑합니다. 누가 **낯선** 이를 사랑하죠? 다른 누구를 **사랑해야** 하죠?

잠시 예루살렘으로 돌아가봅시다.

예루살렘으로 가봅시다.

예루살렘으로, 아마 우리는 거기에 있을 거예요.

그러한 되돌아감의 발걸음이 가능할까요? 그 가능성은 여기서 약속의 유효성으로 헤아려집니다. 확실히 그렇습니다. 약속은 머뭅니다. 그것의 가능성은 유효하게 남아 있죠. 그러나 윤리는 이 유효성이 실행되기를 요구합니다. 그것 없이는 약속은 그 약속이 약속하는 바를 부정하면서 자신을 배반하게 되죠. 윤리의 효과적 가능성의 실행, 그것은 이미 정치인가요? 어떤

아듀 레비나스

정치죠?

우리는 거기 있습니다. 지상의 예루살렘에, 전쟁과 평화 사이에, 사람들이 모든 편에서—그걸 믿지 않는 채로, 우리가 믿게 하지 못하는 채로—"평화의 과정"이라고 부르는 전쟁 속에 있습니다. 우리는 위협받는 또는 위협하는 약속 안에, 현재 없는 현재 안에, 약속된 예루살렘의 임박함 안에 있습니다.

"예루살렘에 약속되어 있는 것, 그것은 토라의 인간성이다"라고 에마뉘엘 레비나스는 말하지요.

이것은 무엇을 말하고자 하는 것이죠? 예루살렘의 주인과 볼모는 누구지요? "토라의 인간성"을 어떻게 이해해야 할까요? 레비나스가 예루살렘이라는 이 장소의 이름을 지닌 약속을 규정하기 위해, 땅을, 천상이 아니라 "지상의 예루살렘"을, "모든 장소 바깥이 아닌" "경건한 사유 속의" 지상의 예루살렘을 강조할 때 말입니다.[121]

게다가 왜 맞아들임 이상의 것일 맞아들임을 향한 몸짓이, 맞아들임보다 더 오래되거나 다시 더 와야 할 것일 맞아들임을 향한 몸짓이 필요할까요? 왜 우리가 법에서 또 정치에서 이해하는 그런 환대보다 더한 것일 종말론적 환대를 위한 몸짓이, 한마디로 피난처보다 한층 더 나을 토라의 환대를 위한 몸짓이 필요할까요? 왜 환대의 윤리는 피난처의 권리나 정치보다

---

121   E. Lévinas, *L'Au-delà du verset*, p. 70.

나은 것, 또 피난처의 권리나 정치와 다른 것이 되어야 하는 것 일까요?

이 질문들은 정착되지 않습니다.

적어도 한자리의 휴지休止 속에서는 결코 정착되지 않죠. 이 질문들은 휴지 없이 그 질문들을 견디는 질의의 시험에 들게 합니다.

이 견딤을 일깨우기 위해(여기서 잠시 동안 다른 무슨 일을 하겠습니까?), 『성구의 저편』에서, 더 정확히 말해 "피난-도시"라는 제목이 붙은 그 책의 제3장[122]에서 우리가 단어 하나하나, 한 걸음 한 걸음 쫓아가면서 읽고 해석해야 할 몇몇 지점들을 확인해봅시다.

그 부분은 약 20페이지 정도 됩니다. 이 주해는 자세하고 끈질기고 창의적이며 또 그와 동시에 모험적이고 개방적인 미묘한 움직임을 보입니다. 그 호흡을 가다듬고 추스르는 방식을 제가 감히 일련의 단계나 논증으로 서투르게 설명하려 함으로써 한순간이라도 멈추게 하거나 분절하려 하기가 두렵습니다. 하지만 그 자리에서 논의되는 것을 이 개막 강연을 통해 여러분이 조금이나마 살펴볼 수 있도록 한번 시도해보겠습니다.

다른 것은 생략하고, 예루살렘의 여성적 형상을 상기하는

---

122   이 장에 대해서 나는 우선 Daniel Payot, *Des villes-refuges, Témoignage et espacement*, L'Aube, 1992를 참조한다. 나는 이 문제를 다른 관점에서 *Cosmopolites de tous pays, encore un effort!*, Galilée, 1997에서 다루었다.

것으로 아마 충분할 겁니다. 그것은 우리가 앞에서 환대에 관해, "진정으로 환대하는 맞아들임"이고 "진정한 환대하는 자"이며 "맞아들이는 자 그 자체"일 여성적 존재에 관해 들었고 또 질문받았던 바를 일깨워줄 겁니다.

욕망하고, 깃듭니다. 야훼I$_{HV}^{adonaï}$H의 욕망, 그렇지요, 야훼의 욕망에 의한 시온의 선택을 노래하여, 「시편」(132장 13절)은 예루살렘을 거주를 위해 선택된 연인 또는 배우자로 명명합니다. 시온에서 **깃들기를 욕망**한다고 신은 말합니다. "이곳에 나는 깃들 것이다. 내가 그것을 욕망했으므로"라고 도르메 Dhormes 판은 이 대목을 번역하고 있지요. 깃들기를 욕망함, 하나의 말씀으로서, 하나의 유일하고 동일한 운동으로서죠. 이 선택의 요구 없이는, 하나뿐인 깃들임의 배타적 요구 없이는, 욕망이란 존재하지 않기 때문입니다.

> 그렇다, 야훼I$_{HV}^{adonaï}$H는 시온을 선택하셨다. 그곳에 반하여 거기에 거주하려 하신다.
> 여기가 나의 설 곳이니, 나는 이곳에 영원히 거주하리라. 그렇다, 나는 이곳에 반하였노라.[123]

123   Psaumes, 132, 13, trad. A. Chouraqui.
"여기서 야훼가 시온을 선택하셨으니,
그가 깃들임을 위해 그곳을 선택하셨다.
여기는 나의 영원한 휴식 장소니라.

맞아들임의 말

레비나스가 다른 「시편」(122장 3절)의 형상을 통하여 "연결된 도시로 세워진" 예루살렘을 묘사할 때 ── 여기서의 연결이란 신의 천상의 높이와 지상의 이 세상 사이의 연결이지요 ── 그는 다른 것을 말하고 있는 것일까요?

  이 형상에 대한 두 해석, 즉 시오니스트의 해석과 보편주의의 해석을 지나, 레비나스는 그것의 세번째 의미를 선호합니다. 거기에 따르면, 천상의 도시 및 인간의 거처(수평적 차원)에서의 정의 없는 종교적 구원(수직적 차원)이 존재하지 않습니다. 바로 이 "세번째 의미"를 향해, 토라의 예루살렘에 대한 성찰이 "피난-도시의 이 도시 계획에 대한 텍스트에서",[124] 이 "피난-도시의 인간주의 또는 인도주의"[125]에 대한 텍스트

이곳에 나는 깃들 것이다. 내가 그것을 욕망했으므로!"(trad. E. Dhormes).
이 구절은 특히 파울 첼란의 예루살렘에 대한 강의("말하라, 예루살렘이 존재한다고…Sag, dass Jerusalem ist…"를 소개하기 위해 고브린Michal Govrin의 「사후의 노래Chant d'Outre-Tombe」에서 다시 번역하고 해석하여 그 성찰의 결과를 정리해놓은 바 있다(Le passage des frontières, Galilée, 1994, p. 228). "25세기 동안 서양을 놓아주지 않았던 열정. 이 상처입은-여성의-도시를 정복하고자 하는 열정. 열정적 광기 [……] 예루살렘에 존재하려는, 그곳을 소유하려는 욕망. [……] 그곳의 정복자가 되려는 욕망, 유일한 소유자이자 연인이 되려는 욕망, 이 배타적 열정은 성경의 신을 기원이나 모델로 삼을 수 있을 것이다. '주여, 일어나셔서 당신의 휴식 장소에 들어가소서. [……] 영원한 자l'Éternel께서 시온을 선택하셨기에, 그는 그곳을 거처로 욕망하셨다. 그곳은 영원토록 나의 휴식 장소일 것이니라. 내가 그곳을 탐하였기에(ivitiha) 나는 거기에 거주할 것이니라.'"
124 E. Lévinas, L'Au-delà du verset, p. 55.

에서 솟아나오지요.

거기서는 이것이 "우리에게 현실적으로 의미할"[126] 수 있는 바에 대한 암시들이 증식되어나옵니다. "대중의 분노"에 대한, "우리 대도시 부근의 반란의 정신이나 심지어는 범죄의 정신, 우리가 놓인 사회적 불균형의 결과"[127]에 대한 암시들 말이지요. "이 모든 것이 우리의 도시들을 피난-도시 또는 추방된 자들의 도시로 만들고 있지 않은가?"(같은 곳)라고 레비나스는 다시 묻습니다.

마코트[128]론 10장의 발췌문에 대한 이 독해는 아주 정확히 피난-도시를 다루고 있어요. 「민수기」(35장)에 따르면, 신은 모세에게, 살해할 의도 없이 살인을 한 사람이거나 피의 복수자에 의해 또는 "피를 되사는 자"(슈라키의 번역)에 의해 쫓기는 사람이면 누구에게든 피난-도시를 제공하라고 명령합니다. "피의 복수자"의 먹이가 될 비자발적 살인자를 받아들이는 것이 관건이죠. 그를 확실히 구조하기 위해서요. 도시의 문으로 복수자가 들어오지 못하게 하는 것이 중요합니다. 이 복수자는, "과실로" 죄를 지은 자, 죽으려는 의도 없이 살인한 자를

---

125   같은 책, p. 59.

126   같은 책, p. 56.

127   같은 책, p. 57.

128   유대교 구전 문서인 미슈나와 탈무드의 책 가운데 하나. 보통 Makkot라고 표기한다.──옮긴이

심판하기에는 법정이 무력한 상태인 경우에, 자신이 정당하게 정의를 행한다고 느끼겠죠.

레비나스의 첫번째 관심은, 이 신의 명령이 하나의 권리를 창출하도록 명령한다는 점을 명기하는 겁니다. 이 권리는 사실상 반反-권리죠. 피의 복수자의 "한계 권리droit marginal"에 대해 비의도적 살인자를 보호하게 해주는 권리니까요. 레비나스가 찬양하는 이 반-권리의 권한은 충분히 정제되어 있습니다. 왜냐하면 그것은 살인자에 제공된 보호의 시간을 제한하면서 그 보호를 추방으로, 또 환대를 처벌로 변환시키니까요. 객관적인 살인자 또는 비자발적 살인자는 결코 완전히 무죄인 것은 아니기 때문이죠. 레비나스는 이 이중적 목적성에 세심한 주의를 돌립니다. 그것은 사실 우리에게, 자발적 살해와 비자발적 살해 사이에는 진정한 비연속성이 존재하지 않는다는 점을 상기시키지요. 때로는 잘 보이지 않고 그래서 늘 해석해야 하는 이 연속성은, 우리가 우리의 책임을 무한하게 하지 않을 수 없게 합니다. 우리는 우리의 주의 부족이나 과실에 대해서도 책임이 있지요. 우리가 의도적으로나 자유롭게 행하지 않는 것, 이를테면 무의식적으로 행하는 것—그러나 언제나 유의미한 방식으로 행하는 것에 대해 우리는 책임이 있습니다. 여기서 더 나아가면 다음과 같은 훨씬 급진적인 정식이 나타나게 되죠. "세상에는 오직 하나의 살인자 족속만이 있다. 그 살해가 비자발적이건 의도적이건 간에."[129]

아듀 레비나스

그러나 이것은 첫번째 단계일 뿐이에요. 다른 성구의 흔적을 통해서 우리는 물어보아야 할 겁니다. 왜 토라의 스승은 자신의 제자가 피난-도시로 추방되어야 했을 때 그 제자를 따라가도록 규정되는지를 말이죠. 이로부터 우리는 토라 그 자체가 보호받아야 할 필요가 있으며 피난-도시의 유배지에서 스스로에게 은신처를 제공해야 할 필요가 있다는 결론을 내려야 할까요? 그래서 레비나스는 "토라는 그 자신이 피난-도시가 아닌가?"라고 묻습니다.

우리는 "의심스러운" 해석학[레비나스는 후에 이것을 "특별한"이라고 말할 것입니다]에 의해 다음을 알 따름이다.

"어떻게 이것이 가능한가? 랍비 요하난 Yo'hanan은 말하지 않는다. '토라의 말씀들이 일종의 피난처라는 것은 우리는 어디로부터 아는가?' 성서는 이렇게 말한다(「신명기」4장 43절). '사막에 [모세가 선택한] 베첼 Becer[130]이 있었다.' 또 바로 뒤에(「신명기」4장 44절) 이런 말이 나온다. '그런데 이것은 모세의 토라다.'"[131]

이 **"특별한 해석"**에 얼마간 신뢰를 보낸 다음, 그리고 이 해

---

129   E. Lévinas, *L'Au-delà du verset*, p. 61.
130   모세가 피난-도시로 세웠다고 하는, 요르단 고원 동쪽에 있는 성서상의 도시.— 옮긴이
131   같은 곳.

석을 주해하고 논의한 뒤에, 레비나스는 또 다른 발걸음을 내딛지요. 이것은 우리를 "피난-도시의, 그 도시의 관용과 용서의 고귀한 교훈" 너머로 데리고 갈 겁니다. 그것이 도입한 권한의 정제에도 불구하고, 말하자면 이 결의론決疑論 자체로 말미암아, "고귀한 교훈"은 토라에 관해 애매한 채로 남아 있습니다. 토라는 그 이상을 요구합니다. 토라는 예루살렘으로부터 더 많은 것을 요구하지요. 예루살렘에서 더 많은 것을 요청합니다.

토라는 정의正義다. 피난-도시의 애매한 상황들을 지양하는 전적인 정의다. 전적인 정의라는 이유는, 토라가 자신의 말함의 방식과 자신의 내용 속에서 절대적 경계警戒를 요청하기 때문이다. 그것은 모든 부주의가, 비자발적 살인의 부주의까지가 배제되는 위대한 깨어남이다. 이 토라에 의해 예루살렘이 정의定義될 것이다. 예루살렘은 결국 극단적 의식意識의 도시가 될 것이다. 우리의 습관적 생활 의식이 여전히 잠 속에 있다는 듯이, 우리가 아직 현실에 발을 딛지 못하고 있다는 듯이.
우리는 예루살렘의 문에 다가간다.[132]

전적인 정의, 예루살렘-의-토라, 그러나 이 정의에서는 그것

---

132   같은 책, p. 64.

아듀 레비나스

의 극단적 경계警戒가 그 정의가 효과적인 것이 되도록, 그 자신이 법과 정치가 되도록 명령합니다. 다시 한 번, 국가 속에서의 국가 너머가, 법 속에서의 법 너머가 등장하지요. 여기-지금의 볼모인 책임이 등장합니다. 그 용어들의 철학적 의미에서 정치적인 것과 법률적인 것을 초월하는 정의의 법칙이 등장합니다. 이 법칙은 모든 것을 초과하고 강박하는 데 이르기까지 자기에 복종해야 합니다. 다름 아닌 얼굴이 대면 속에서 또는 제삼자의 중지──이때의 제삼자는 법/권리로서의 정의의 요구를 나타내지요──속에서 초과하는 모든 것을요.

사실 이 점을 계속 내세우는 것이 맞습니다. 비록 제삼자의 경험이 대면의 중지로서 규정된다고 해도, 그것은 정의의 근원이고 문제에 놓인 문제의 근원이지요. 제삼자의 경험은 부차적인 끼어들기가 아니에요. 제삼자의 경험은 최초의 순간부터 **불가피**합니다. 얼굴에서 불가피하지요. 비록 그것이 대면을 중지시킨다 해도, 그것은 또한 대면에 속합니다. 자기의 중지로서, 그것은 얼굴에 속하지요. 그것이 생산될 수 있는 것은 오직 얼굴을 거쳐서입니다. "얼굴에서 피할 수 없는 제삼자의 계시는 얼굴을 거쳐서만 생산된다."[133]

마치 얼굴의 단일성이 그 절대적이고 반박 불가능한 독특성 속에서 **선험적으로** 다원적인 것 같아요. 이 점을 레비나스는

133 E. Lévinas, *Totalité et Infini*, p. 282.

고려합니다. 우리가 주장했듯, 『전체성과 무한』부터[134] 그렇다고 할 수 있습니다. 이미 1961년에 얼개가 그려진[135] 대신함의 "논리"가 『존재와 달리 또는 존재성을 넘어』에서 전개되기 훨씬 전에 말이에요. 대신함의 가장 일반적인 가능성, 유일한 것과 그것의 대체가 빚는 역설적인 상호성(비상호성의 조건), 유지될 수 없는 것임과 동시에 지정된 장소, 대체 가능한 것으로서의 독특한 것의 자리, 이웃과 제삼자의 부인할 수 없는 장소, 이것은 주체가 자신의 자기성에서 갖는 최초의 변용affection이 아닐까요? 이렇게 이해할 때, 대신함은 주체성의 운명을, 주체의 예속을 알려주지요. 주인과 볼모를 알려줍니다. "주체는 주인이다"(『전체성과 무한』), "주체는 볼모다"(『존재와 달리 또는 존재성을 넘어』). 주인으로서 또는 볼모로서, 타자로서, 순수한 타자성으로서──이렇게 분석된 주체성은 모든 존재론적 술어를 벗겨내야 하지요. 어느 정도는 파스칼이 말한 순수 자아처럼 말입니다. 파스칼에 따르면, 순수 자아는 사람들이 거

---

134 예컨대, "제삼자는 타인의 눈 속에서 나를 응시한다. 언어는 정의다. [……] 가난한 이, 낯선 이는 평등한 자로서 제시된다. 이 본질적 가난 속에서 그의 평등성은 **제삼자**를 지시하는 데서 성립한다. 제삼자는 우연한 만남에 현전하며, 타인은 그 비참함 가운데서 제삼자에게 이미 봉사하고 있다. **그**는 나와 결합한다. 그러나 그는 봉사하기 위해 나를 그와 결합시키며, 스승으로서 내게 명령한다. [……]예언적 말은 본질적으로 얼굴의 현현에 응답한다. [……] 본질적으로 얼굴의 현현에 의해 일어나는 대화의 환원 불가능한 계기로서 그렇게 한다. 얼굴은 나를 응시하는 눈을 통해 제삼자와 인류 전체의 현전을 입증한다"(p. 188).

135 예를 들어 E. Lévinas, *Totalité et Infini*, p. 274 참조.

기에 부여할 수 있는 모든 특질들을 벗어버립니다. 순수한, 게다가 고유하게 순수한 자아로서, 결국 그 자아가 초월하거나 초과하는 모든 특성들을 벗어버리지요. 자아와 마찬가지로 타자도 자신의 실제적 술어들로, 사람들이 타자에 관해 정의하거나 주제화하는 것으로 환원되지 않습니다. 그것은 벌거벗지요. 모든 특성을 벗어던집니다. 또 이 벌거벗음은 무한히 노출된 그의 상처입기 쉬움, 즉 그의 피부이기도 합니다. 이처럼 결정 가능한 특성이 없고 구체적 술어가 없으며 경험적 가시성이 없다는 것, 바로 이 점이 확실히 타자의 얼굴에 유령 같은 아우라를 주지요. 특히 이 주인의 주체성이 얼굴의 방문으로서 알려진다면 말이죠. **주인**(*host, Gastgeber*) 또는 **손님**(*guest, Gast*)인 hôte는 단지 볼모만이 아닐 겁니다. 그것은 적어도, 심오한 필연성에 의해, 정신 또는 유령(*Geist, ghost*)의 형상을 가질 것입니다. 언젠가 어떤 이가 레비나스 앞에서 레비나스 철학의 "유령 같은 성격"에 대해, 특히 "타자의 얼굴"을 다룰 때의 그런 성격에 대해 물었습니다. 레비나스는 직접적으로 반박하지 않았어요. 그러나 그는 곧 내가 이제 막 "파스칼적"이라고 부른 논변에 기대어("타자는 그의 성질들과 독립적으로 맞아들여져야 한다") "맞아들임"을 분명히 규정하죠. 무엇보다 "직접적"이고 긴급한, 기다림 없는 방식으로요. 마치 "현실의 réel" 특질들, 속성들, 특성들(살아 있는 것이 유령이 아니게 하는 모든 것들)이 이 맞아들임의 순수성을 느리게 하고 간접적인 것으로 만들거나 위태롭게 하는 것처럼 말이죠. 타자를 그의 타자성 속에서, 기다림 없이 받아들여야 한다는 겁니다. 또 그러니까 현실의 그 술어들을 인식하기를 멈추어야 한다는 거예요. 따라서 지각 너머에서 타자를 받아들여야 하는 거죠. 유령*ghost* 또는 정신*Geist* 또는 손님*Gast*으로서 주인에게 주어진 환대의 위험을, 언제나 불안한, 낯설게 불안한, 낯선 것으로서 불안한*unheimlich* 위험을 감내하면서요. 환대에는 이 유령성의 내기가 없을 수 없는 것이죠. 그러나 유령성이란 아무것도 아닌 것이 아닙니다. 그것은 초과합니다. 따라서 모든 존재론적 대립들을 해체하지요. 존재와 무, 삶과 죽음을. 그리고 그것은 줍니다. 그것은 주고*donner* 정돈하며*ordonner* 용서할*pardonner* 수 있어요. 또한 그렇게 하지 않을 수도 있죠. 본질/존재성 essence[136] 너머의 신처럼요. 존재 없는 신, 존재에 의해 오염되지 않은 신, 그것은 얼굴 또는 전적인 타자의 가장 엄격한 정의가 아닐까요? 그러나 그것은 정신적인 파악인 것처럼 또한 유령적인 파악이 아닐까요?

피난-도시가 우선 약속 이상이라는 점은 무의미한 것일까요? 그것은 죽음을 줄 의도 없이 죽음이 주어진 상황에서 주어진 질서입니다. 그러나 그것은 또한 희생자의 유령적 귀환에

---

136 essence를 '존재성'으로 번역할 수 있는 이유에 대해서는 본서 97쪽의 각주 46 참조.—옮긴이

아듀 레비나스

사로잡힌 살인자를 죽음으로부터 구원하는 질서이기도 합니다. 떠나지 않고 다시 돌아오는 유령revenant의 복수에 사로잡힌, 이번에는 죽음을 가져다주려고 결심한 복수자들에 사로잡힌 살인자를 말이죠. 여기서 이 질서의 극단적 애매성이 나옵니다. 받아들여야 하는 것은 비자발적 죄인입니다. 다름 아닌 살인자에게 다시 면책을, 최소한 일시적인 면책을 적용해야 하는 것이죠.

피난-도시의 "고귀한 교훈"이 여전히 증언하는 정치적인 애매성 또는 법률적인 양의성을 초과하여, 토라는, 예루살렘에서의 토라는, 토라-예루살렘은, 여전히 약속을 지상의 예루살렘에 기입해야 합니다. 또 그래서 비교 불가능한 것들을 비교하도록 명령해야 합니다(이것은 정의正義의 정의定義에요. 의무에 의하여 대칭성에, 공-현존에, 체계에, 그리고 마침내 국가에 가해진 양보지요). 토라는 가장 "더 나은" 것 또는 가장 덜 나쁜 것을 찾아내기 위해 협상 불가능한 것을 협상하도록 지시를 해야 합니다.

여기서 가장 더 나은 말인 "더 나은"이라는 말을 둘러싼 따옴표보다 더 중대한 것은 없어요. 그것보다 더 무게가 나가는 것은 없습니다. "정치적 문명"은 야만보다 "더 나은" 것이죠. 그러나 그것은 다만 "더 나은" 것일 뿐이에요. 다시 말해 덜 나쁜 것이죠. 그것은 좋은 것이 아닙니다. 부득이한 수단pis-aller으로 남아 있는 것이에요. 그러나 필요한 부득이한 수단이죠.

행하지 않으면 안 될 것이죠. 이 텍스트의 결론은 다시 시오니즘에 반대하여 우리에게 주의를 주니까요. 여기서 시오니즘이란 정치에 불과할 겁니다. "민족주의나 한층 더한 배타주의particularisme"에 불과할 겁니다.

예루살렘을 정의해주는 토라의 이 주장이 이해되는 것은 피난-도시와의 대비에 의해서다. 피난-도시는 주관적 무고함을 보호하고 객관적 범죄를 용서하는, 또 행위가 의도에 가하는 모든 부인을 용서하는, 문명 또는 인간성의 도시다. 이른바 자유롭다는 열정과 욕망—이 열정과 욕망은 그것들이 분출하는 우연에 내맡겨져서, 피르케 아보트Pirké Aboth의 말에 따르면, "인간이 서로를 산 채로 삼킬 준비가 된" 세계에 이르는데—의 문명보다 "더 나은" 정치적 문명. 법의 문명. 확실히 그렇다. 그러나 그것은 자신의 정의 가운데서 위선적인, 정치적 문명이다. 거기서는 부정할 수 없는 권리와 함께 피의 복수가 어슬렁거린다.
예루살렘에 약속된 것, 그것은 토라의 인간성이다. 그것은 피난-도시의 심층적 모순들을 극복할 수 있을 것이다. 신전Temple보다 더 나은 새로운 인간성. 피난-도시에서 출발한 우리의 텍스트는 우리에게 상기시킨다. 또는 우리에게 가르친다. 시온에 대한 **열망**이, 시오니즘이 민족주의나 한층 더한 배타주의가 아니라는 점을. 시오니즘은 단순히 피난처를 찾는 것이 아니라는 점을. 시오니즘은 사회에 대한, 게다가 인간으로 가득 찬 사회에 대한 지식의 희망이라는 점을. 이 희망은 예루살렘에 대한 것이고, 지상의 예루살렘에 있는 것이지, 모든 장소 밖에 있는 것이 아니며, 경건한 사유에 있는 것이다.[137]

우리는 이 약속을 이해할 수 있을까요?

137 E. Lévinas, *L'Au-delà du verset*, pp. 69~70. 내가 "열망"과 "희망"이라는 말을 강조했다. 다음에 주목하자. 유대 국가를 배타주의나 민족주의에서 구별하려 할 때, 레비나스는 언제나 현재의 사태보다는 가능성을, 미래를 위한 약속을, "열망"을, "참여"를(같은 책, p. 141 참조), "희망"이나 "계획"을 말한다. 예를 들어보자. "지상의 유대 국가에 대한 희망이 언제나 본질적이었던 유대 민족의 역사가 사르트르의 머리에 헤겔적 논리의 주권적이고 위엄 있는 건축에 대한 의심을 심을 수 있었다는 사실, 그것은 동시에 문제의 국가가 순수하게 정치적인 역사 위에서, 정복자와 오만한 자들이 쓴 역사 위에서 열리지 않는다는 점을 의미하지 않을까? 그리고 그러한 계획은 민족주의적 배타주의를 의미하기는커녕 인간적인 것의 어려운 인간성의 가능성 중의 하나임을 의미하지 않을까?" 이 대목은 사르트르가 사망했을 때 그에게 헌정한 몇 페이지의 결론 부분이다(E. Lévinas, "Un langage qui nous est familier" in *Emmanuel Levinas, Les Cahiers de la nuit surveillée*, Verdier, 1984, p. 328). 레비나스는 사르트르가 『유대인 문제에 대한 성찰 *Réflexions sur la Question juive*』 이후의 진화를 통해 "팔레스타인의 민족주의와 그 정당한 고통에 표명된 모든 이해해도 불구하고" 이스라엘 국가에 충실했다는 점을 강조했다(p. 327). "팔레스타인의 민족주의"라는 표현에는 결코 "이스라엘 민족주의"라는 표현이 대응하지 않을 것이다. "이스라엘이 성스러운 땅에 세우는 것은 민족주의도 더 나아가 어떤 분파도 아니다"(E. Lévinas, "Séparation des biens", *Cahier de l'Herne*, p. 465)라고 썼을 때, 레비나스가 거기서 시오니즘 계획의 "종교적 위대함"을 환기하지 않는 것은 아니다. "우리는 요즘 가방 속에 성서를 별 탈 없이 가지고 다니지 못한다"(같은 곳). 그러나 잊지 말자. 결코 잊지 말자. 같은 성서가 팔레스타인 사람들의 가방 속에서도 여행을 하고 있다는 사실을. 그것이 무슬림의 것이건 기독교의 것이건 간에. 정의와 제삼자성.

우리는 그 약속을 받아들일 수 있고 또 들을 수 있지요. 우리는 그 약속에 개입되어 있다고 느낄 수도 있습니다. 그러나 그 약속이 호소의 중심으로 가져오는 침묵에 무감각하게 남아 있지 않으면서요. 이 침묵은 또한 어떤 틈을, 다시 말해 말하고 먹기 위해 벌어진 입을, 그러나 아직 말 없는 입을 나타낼 수 있어요.

나로서는, "피난처" 너머의 "희망"을 말하는 이 결론에서 그런 침묵을 듣는다고 생각합니다. 거기서는 "더 나은" 정치에 대해, "더 나은" 권리에 대해 아무것도 결정되어 있지 않으니까요. 그건 결정 불가능하다고까지 말할 수 있을 듯합니다. 비록 그 권리가 현대의 민족-국가가 지배하는 세계 속에서, "위선적 정치 문명" 속에서, 또 오늘과 내일의 지상의 예루살렘에서, 이 약속에 대해 "최선의" 악으로 또는 가장 덜한 악으로 응답해야 할 전쟁의 권리이고 또 사람들의 권리라고 하더라도 말이지요.

고전적 철학 담론으로 말하자면, 우리에게 "더 나은" 또는 덜 나쁜 방편을 마련해줄 규칙이나 도식(칸트에 따르면 순수 실천이성에 대해선 규칙이나 도식이 없지요)에 대해 침묵이 지켜지고 있는 것이죠. 한편으로는 메시아적 환대의 윤리나 성스러움과, 다른 한편으로는 "평화의 과정", 즉 정치적 평화의 과정 사이의 방편 말입니다.

아듀 레비나스

이 침묵이 심연으로부터 우리에게 다가옵니다.

그것은 아마 엘리아가 혼자서 부름을 들었던("엘리아야 네가 어찌하여 여기 있느냐, 여기서 무엇을 **하려** 하느냐?") 깊은 곳으로부터의 침묵과 닮았을 겁니다. 아마 그 침묵의 메아리일 것입니다. 거의 목소리가 아니었던 목소리, 거의 들을 수 없었던 목소리, 가벼운 산들바람과 거의 구분할 수 없는 목소리, 침묵처럼 미세한 목소리, "가는 침묵의 목소리"의 깊은 곳으로부터 오는 침묵 말입니다. 그러나 엘리아는 이 목소리를 들었다고 믿었지요. 그가 산에서, 바람결에서, 또 지진 속에서, 뒤이어 불 속에서 신의 현존을 헛되이 찾은 다음에요. 이 목소리는 묻고("너는 여기서 무엇을 하려 하느냐?") 명령합니다. "가라."[138]

바람, 지진, 불보다 한층 까다로운 이 목소리의 침묵, 어떻든 이것은 아무래도 좋은 심연이 아닙니다. 또 반드시 나쁜 심연도 아니지요. 우리는 그 가장자리를 파악하려 할 수도 있어요. 그것은 윤리와 정치 사이의, 윤리와 정의 또는 권리 사이의 **관계의 필연성**에 침묵을 불어넣지는 않습니다. 이 **관계는 필요해요.** 그것은 존재해야 합니다. 윤리로부터 정치와 권리를 연역할 필요가 있지요. "더 나은" 것 또는 "덜 나쁜" 것을 규정하기 위해 이 연역이 필요합니다. 부과되는 모든 따옴표와 더불어서요. 이를테면, 민주주의는 독재보다 "더 나은" 것입니다. 그것

138 「열왕기 상」19장 13~15절.

의 "위선적" 본성 속에서조차 "정치적 문명"은 야만보다 "더 나은" 것으로 남지요.

우리는 여기서 어떤 귀결을 끌어내야 할까요? 레비나스는 우리가 이제껏 정식화의 위험을 무릅쓴 결론에 동의할까요? 우리가 이제 밀고 나갈 결론에 동의할까요? 충실성에 대한 우리의 욕망이 어떠하든 간에, 우리는 이 질문에 대답할 수 없습니다. 그럴 수 있다고 주장하지 말아야 **합니다**. 레비나스 자신이 대답했으리라고 여겨지는 것에 책임을 지려고 해선 안 됩니다. 예를 들면, 우리가 앞에서 정의의 위반에 대해 말한 것에 관해서, 또 내가 윤리와 정치, 윤리와 권리 사이의 침묵을 해석하는 곳에서 뒤따르는 귀결을 글자 그대로 해석하는 것에 관해서 말입니다.

이 침묵을 어떻게 이해해야/들어야entendre 하나요? 또 누가 그것을 들을 수 있죠?

그것은 내게 이렇게 받아쓰게 하는 것처럼 보입니다. 연역의 **형식적** 명령은 반박 불가능한 것으로 남아 있다, 그리고 그것이 기다리는 것은 제삼자 또는 정의다, 라고요. 윤리는 정치와 권리를 명령하지요. 이 의존은, 또 이 조건적 도출의 방향은 무조건적이며 또한 불가역적입니다. 그러나 그렇게 부여되는 정치적 또는 법률적 **내용**은, 그 반면에, 결정되지 않은 채 머물러 있어요. 지식과 모든 현시 너머에서, 가능한 모든 개념과 모든 직관 너머에서, 결정되어야 할 것으로 언제나 머물러 있죠. 독특하게, 각자에 의해 **취해진** 말과 책임 속에서, 각각의 상황 속에서, 그리고 매번 유일한 분석에 따라──유일하고 무한한, 유일한 그러나 대신함에 **선험적으로** 노출된,[139] 유일하지만 일반적인, 결정의 긴급함에도 불구하고 끝없는 분석에 따라 말입니다. 왜냐하면, 맥락과 정치적 동기들에 대한 분석은, 그것이 자신의 계산 가운데 제한 없는 과거와 미래를 포함하는 한, 결코 끝이 없을 것이기 때문이죠. 늘 그렇듯 결정은 계산에, 지식에 이질적인 것으로 남아 있습니다. 과학에, 또 그렇지만 과학을 조건짓는 의식에 이질적인 것으로요. 우리가 말하는 그 침묵, 우리가 무엇보다 귀를 기울이는 그 침묵은 기본적이고 결정적인 사이시간entretemps입니다. 결정의 순간적인 사이시간, 시간을 흐트러뜨리고 시대착오와 난처함으로 시간을 어긋나게 하

139 "대신함에 **선험적으로** 노출된"──다시 말해, 아마 모든 희생에 "앞선", 모든 희생적 경험으로부터 독립하여, 비록 이 경험이 거기서 다름 아닌 자신의 가능성을 찾을 수 있다고 해도. 말로서 또 개념으로서 이 **선험적**(형식적이고 동시에 구체적인)은 레비나스의 담론에서 한자리를 차지하고 있는가? 그것은 확실치 않다. 이 점과 관련해서 대신함과 희생 사이의, 볼모-임, 주인-임과 희생적 경험 사이의 관계에 대한 커다란 문제가 제기된다. 레비나스는 때로 "희생"이라는 말을 "의지에 선행하는 대신함"을 가리키기 위해 사용한다(예를 들면 E. Lévinas, *Autrement qu'être ou au-delà de l'essence*, p. 164). 비록 그가 이 말을 그것의 유대적 의미로, 즉 접근이라는 의미로 되살리기도 하지만("접근, 그것이 희생인 한에서……L'approche, dans la mesure où elle est sacrifice...", 같은 책, p. 165).

는("*out of joint*") 사이시간이에요. 이때 법의 법은 그 스스로, **그 자신으로부터** 불-법non-loi에 노출됩니다. 동시에 주인과 볼모가 됨으로써, 타자의 주인과 볼모가 됨으로써 말이죠. 이때 유일한 것의 법은 대신함과 일반성의 법에 굴복해야 합니다. 그렇지 않다면 우리는 법 없는 윤리에 복종해야 할 것입니다. 이때 "너는 죽이지 못할 것이다"──여기서 토라와 메시아적 평화의 법칙은 한데 모입니다──는 다시 이러저러한 국가에게(예컨대 카이사르의 국가이든 다비드의 국가이든) 명령하여 권위를 갖게 하죠. 군대를 일으키고 전쟁을 행하거나 경찰력을 행사하는, 국경을 통제하는, 살해하는 권위를 말입니다. 이 명백한 이치를 남용하지는 말아야지요. 그러나 너무 빨리 잊지도 맙시다.

우리가 말하고 있는 침묵은 아마, 레비나스가 때로 죽은 자를, 죽음을 정의하는 데 쓰는 응답-없음에 낯선 것이 아닐 겁니다. 이 죽음은 무를 의미하는 것은 아니지요. 이 응답-없음, 이 응답의 중지는 말phrase 없이 죽음을 기다리지 않습니다. 그것은 모든 말들에 간격을 두며 그 말들을 불연속하게 만들죠. 윤리와 정치 사이의 도식들에 대한 이 응답-없음의 틈, 침묵이 여전히 남아 있어요. 그것이 남아 있다는 것은 사실이에요. 그리고 이 사실은 경험적 우연이 아닙니다. 그것은 기정 사실*Faktum*이에요.

그러나 그 침묵은 또한 규칙의, 규범 또는 정치적 권리의 결정과 메시아적 약속 사이에 남아 있어요. 그것은 두 질서 사이의 이질성을, 비연속성을 나타냅니다. 그것이 지상의 예루살렘의 안쪽에 있다고 해도 말입니다. 이 비결정의 사이—시간에 따라서만 책임 또는 결정이 **취해지고** 정해져야 합니다. 바로 이 응답—없음에 따라 하나의 말이 **취해지고** 또 우선 **주어질 수** 있는 것이죠. 그 응답—없음에 따라 누군가가 "발언할" 수 있습니다. 정치에서 발언할 수 있습니다. 주어진 말에 대한, 우리가 처음에 시작하면서 환기했던 "명예의 말"에 대한 충실성으로 말입니다.

그러므로 이 침묵은 또한 주어진 말의 침묵인 것이죠.

그것은 말을 줍니다donner. 그 침묵은 말의 선물don입니다.

이 응답—없음은 내 책임을 조건짓습니다. 이 책임 속에서 나는 홀로 응답해야 하지요. 침묵 없이는, 틈 없이는—이 틈은 규칙의 부재가 아니라 윤리적, 법률적 또는 정치적 결정의 순간에 비약이 불가피함을 의미합니다—우리는 지식을 행동의 프로그램 속에 펼치게 될 뿐입니다. 어떤 것도 이보다 더 무책임하지는 않을 것이며, 이보다 더 전체주의적이지는 않을 겁니다.

더욱이 이 비연속성으로 말미암아, 우리는 레비나스가 평화에 대해 또는 메시아적 환대에 대해, 정치적인 것에서의 정치적인 것의 너머에 대해 우리에게 말하는 모든 것을 강조할 수 있어요. 레비나스의 담론에서 현실의 상황에 대한 또는 유효성에 대한 정치-내적 분석으로부터 나오는 온갖 "의견들"에 반드시 가담하지는 않으면서 말이죠. 오늘날, 이 현실 상황이나 유효성은 지상의 예루살렘, 즉 더 이상 하나의 더 나아간 민족주의가 아닐 시오니즘(왜냐하면 우리는 모든 민족주의가 보편적인 범례가 되기를 원한다는 점, 그 각각은 이 범례성을 내세우며 더 나아간 민족주의 이상을 원한다는 점을 그 어느 때보다 잘 알고 있으니까요)이 되겠지요. 비록 실제로는 선출에 대한 믿음을, 무엇보다 영원한 한 민족의 선출에 대한 믿음을 (그 말의 현대적 의미에서) 모든 "민족주의적" 유혹으로부터 안전하게 유지한다는 것은 어려운 일로 보이지만, 비록 그 두 가지를 모든 민족-국가(이스라엘만이 아니라)의 정치적 유효성 속에서 분리한다는 것은 어려운 일로 보이지만, 레비나스가 언제나 선출이라는 (그토록 중심적이고 강력하며 결정적인) 자신의 주제를 모든 민족주의적 유혹에서 떼어내려 했다는 점을 인정할 필요가 있어요. 그 점에 관해서는 수천 가지의 증거를 댈 수 있습니다만, 여기서는 1935년에서 1939년까지의 비범한 정치적 논고들[140] 사이에서, 언제나 언약Alliance을 "유대 민족주의"

---

140 카트린 샬리에Catherine Chalier가 「한 사상의 시련들Épeuves d'une pensée」 및 「히틀러주의의 철학에 대한 몇몇 반성들Quelques réflexions sur la philosophie de l'hitlérisme」이라는 제목 아래 모아놓은 글들을 보라(카트린 샬리에와 마구엘 아벤수르Miguel Abensour의 책임 아래 에마뉘엘 레비나스에 헌정된

위에 또 그것 너머에 위치시켰던 글들을 환기하는 것으로 만족하기로 하지요.[141]

동일한 틈이 공간을 자유롭게 합니다. 그것은 논증의 구조와 언표의 장소 속에서, 예를 들면 레비나스의 담론에서, 미묘하고 까다롭지만 필연적인 분리에, 분석의 분리에 자리를 줄 수 있습니다. 내가 감히 이 분석에 대한 권리를 포기하지 않는다고 말할 수 있을까요? 또 내가 에마뉘엘 레비나스에게 바쳐 마땅한 감탄 어린 충실함과 존경 속에서, 이 분석의 권리를 결코 포기해서는 안 된다고 생각한다고 감히 말할 수 있을까요? 중지될 줄 알기에 동질적일 수 없는 텍스트에서 이러저러한 명제를 토론하는 권리를 말입니다. 바로 그 텍스트는 말함에 내적인 모순을 생각하게 해주니까요. 이것을 결코 잊지 맙시다. 우리가 모순ContraDiction이라고 불렀던 것, 말함의 내적 휴지休止이지만 기초적인 들숨이자 날숨을요.

Cahier de L'Herne, L'Herne, 1991).

141 "19세기에 작용했던 모든 정신적 가치의 세속화와 더불어 태어난 것은 유대 민족주의 교의였고 또 유대인의 순수하고 단순한 사라짐을 예비했던 손쉬운 동화同化; assimilation였다. 그것은 디아스포라의 사태를 피하고 거부하는 두 가지 방식이다. 그 두 길 속에서 언약으로 들어가는 것은 언제나 거부된다. 언약은 보다 오래된 소명에 충실한 채 남아 있을 것이다. 그것은 유대주의가 단지 하나의 종교였다고 선언하면서 유대인들에게 유대 민족주의보다 더 많은 것을—더 적은 것이 아니라—요구할 것이다. 그것은 유대인들에게 유대화judaïsation 이상의 가치가 있는 일을 부여한다"("L'inspiration religieuse de l'alliance", 1935, L'Herne, p. 146).

이러한 토론은 타자 앞에서의 책임이 문제일 때, 필연적이지 않을까요? 대면에서 또는 제삼자에 대한 주의 속에서, 정의가 변증법적이 될 수 없는 모-순인 바로 그 자리에서 말이죠.

동일한 분석의 의무로 말미암아 나는 뒤따를 수 있는 모든 귀결들과 더불어, 구조적 메시아성을, 반박할 수 없으며 위협적인 약속을, 목적론 없는 종말론을, 결정된 메시아주의로부터 떼어놓게 될 겁니다. 이 메시아성은 시나이 또는 호렙 산이라는 이름의 정해진 장소에서 어떤 계시에 의해 구체화된 메시아주의 이전의 것입니다. 또는 그러한 메시아주의가 없는 메시아성이죠.

그러나 우리가 시나이 이전의 토라의 계시에 대해 하나의 의미 이상으로 꿈꿀 수 있게 할 자는 레비나스 그 자신이 아닐까요? 또는 더 정확히 말해, 이 계시에조차 앞선 토라의 인식에 대해 그럴 수 있는 자가 레비나스 아닐까요?

그리고 시나이, 고유명 **시나이**, 그것은 환유일까요? 아니면 비유일까요?[142] 거의 해독할 수 없는 해석의 명목적 신체로서 우리에게 다가와, 우리의 확신을 강요하지 않은 채, 시나이 이**전**에 다가왔을 것을 불러내는 것일까요? 얼굴과 동시에 얼굴의 후퇴를, 그리고 **제삼자**의 이름으로——다시 말해 정의의 이

---

142 아니면 우화일까? "탈무드의 한 우화에 따르면, 과거, 현재, 미래의 모든 유대인은 시나이 부근에 놓여 있었다. 어떤 방식으로는 아우슈비츠에 현존해 있었다"(E. Lévinas, "Séparation des biens", *Cahier de l'Herne*, p. 465).

아듀 레비나스

름으로—말함 속에서 말함과 모순하는 것을 불러내는 것일까요? 시나이. 모순ContraDiction 그 자체.

요컨대, 내가 시사하고자 했을 법한 것이 이제 막 여기서 진동하고 있습니다. 또 그렇게 진동하면서 아마 일종의 불안정을, 어떤 두려움과 떨림을 전달하고 있어요. "시나이"라는 고유명이 뜻하는 바 앞에서, 그렇게 불리는 것, 그래서 그렇게 우리를 부르는 것 앞에서, 이 이름 이래로 이 이름으로 응답하는 것 앞에서요.

"시나이"라는 고유명은 "얼굴visage"이라는 이름과 꼭 마찬가지로 수수께끼가 될 겁니다. 여기서 "얼굴"이라고 불리는 것은, 단수로건 복수로건 히브리어 동의어의 기억을 간직하면서, 번역할 수 없는 어떤 고유명사와 닮게 되지요. 그러나 그렇게 되는 것은 오직 번역이라는 사건에 힘입어서입니다.

그것은, **다른 번역**의, 번역의 다른 사유의 사건이죠. 전-전날 이후인데 전날은 없어요. 전-근원적 이후인데 근원은 없지요. "얼굴" 또 "얼굴들"—이것은 동시에 단수 또 복수로 표기되어야 할 겁니다. 유일한 것인 까닭이며, 대면인 까닭이고, 또 제삼자의 둘-이상이기 때문이지요—**얼굴들**, 그러므로 이것 또한 아주 오래된 이름 이상이 아닐까요? 프랑스어로 재창조된 단수인 복수, 거기에 새로운 조화를 짜 넣으면서 또 다른 프랑스어를 나름으로 부여하는 시어詩語가 아닐까요? 다른 사람, 타자 또는 낯선 자인 사람, 다른 그 사람, 그 사람의 타자 또는 그 사람과 다른 타자를 나타내는 여전히 놀라운 언어가 아닐까요?

그래요, 이 같은 명명은 프랑스어에 적용되었을 법한 것이죠. 그것은 거기서 번역되었어요. 그것은 프랑스어를 찾아왔고 지금은 그것의 볼모죠. 프랑스어 바깥에서는 번역 불가능한 고유명사로서 말이에요.

이 이야기에서 누가 주인hôte이었죠? 누가 주인이 될까요?

아-듀라는 말도 동일한 조화에 속합니다. 명사 이전에, 동사 이전에, 부름의 깊은 곳으로부터 또는 침묵의 인사로부터, 그 말은 이름으로 이름을 부르기 위해 명명되었어요. 명사 없이, 동사 없이, 거의 침묵으로부터. 아-듀는 얼굴과 합치합니다.

그래서 "우리는 타인의 얼굴에서 죽음을 만난다."[143]

우리는 앞에서 아-듀의 무한한 의미를 상기했지요. 사유를, 코기토를, 노에시스-노에마의 지향성을, 그리고 지식을, 객관성을, 목적성 등등을 넘쳐흐르는 무한의 관념을 말입니다. 그러나 만일 우리가 아-듀를 "유한에서의 무한의 관념"으로 번역하고, 그 의미를 이 관념으로, 의미의 이 넘침으로 환원하는

---

143   강의 "Sur la mort et le temps", *Cahier de l'Herne*, p. 68; E. Lévinas, *Dieu, la mort et le temps*, Grasset, éd. Jacques Rolland, 1993, p. 122에 재수록 (번역본: 『신, 죽음 그리고 시간』, p. 158).

데 만족한다면, 우리는 그 표현을 중립화하고 말 것입니다. 사람들은 거기서 죽음을 망각하기 위한 구실을 취하게 될 거예요. 그런데 레비나스의 사유 전체는 처음부터 끝까지 죽음에 대한 성찰이었어요. 플라톤에서 헤겔, 하이데거에 이르기까지 철학에서 무엇보다 죽음에 대한 염려를 통해 다루어왔던 것, 이를테면 **죽음에 대한 관심**epimeleia thanatou, **죽음을 향한 존재**Sein zum Tode 등을 지금까지의 길에서 벗어나게 하고 방향을 돌려 자기 밖에 놓게 한 성찰이었지요. 레비나스가 아-듀의 사유를 재창안했을 때, 그는 우리가 이 말로 상기하고자 했던 모든 것을 사유한 것이죠. 물론, 철학적 전통을 거슬러 또는 그 전통과 떨어져서요. 그러나 레비나스는 자신이 죽음에 대해 가르쳐야 했던 바를 멀리하지는 않았어요. 이 점을 비록 최초로는 아니지만 특히 잘 드러내주는 것이 **죽음과 시간**에 대한 그의 강의이고, 무엇보다도 또 "비지향적 의식"에 대한 1983년의 논고입니다. 거기서 아-듀가 의미의 무한이 보여주는 잉여를, 의미-의-더 많음plus-de-sens을 증언한다는 점은 의심할 바 없어요. 그러나 그것은 죽음의 시간을 증언한다고 말할 수 있습니다. 게다가 더 이상 존재와 무의 양자택일로 접근할 필요가 없는 죽음의 시간을요. 그러니까, 이 죽음의 시간에 대한 인사 또는 부름이 아-듀라는 말인 것이죠. 레비나스는 "얼굴의 극단적 올곧음"을 환기했지만, 또한 "무방비의, 죽음에 대한 노출의 올곧음"과 "절대적 고독의 바닥으로부터 내게 보내진 요구"를 떠올리기도 했지요. 이 요구를 거쳐 내게 이르게 될 것이, 그러나 또한 소환으로서 이르게 될 것이 "우리가 신의 말씀이라고 부르는 것"입니다. 그것은 아-듀 속에서 들려옵니다.

신의 부름, 그것은 내게 말을 건넨 그분Lui과 나 사이에 어떤 관계를 수립하지 않는다. 그것은 어떤 명칭으로든 항들 사이에 어떤 결합을, 아무리 이상적이라고 해도 공-현존, 대칭 따위를 수립하지 않는다. 무한은 끝으로 나아가는 사유에게 의미를 주지 않을 것이다. 그리고 아-듀는 종국finalité이 아니다. 존재 너머에서 영광의 말이 의미하는 것은, 아마 종말론을 향한 아-듀의, 또는 신에 대한 두려움의 이 환원 불가능성일 것이다. 존재론적 끈기 속에서 존재로 나아가는 의식 또는 의식이 궁극적 사유로 다루는 죽음으로 나아가는 의식은, 종말론에 의해 인간적인 것 속에서 중지된다. 존재와 무의 양자택일은 궁극적인 것이 아니다. 아-듀는 존재의 과정이 아니다. 부름 속에서 나는 다른 인간에게 보내진다. 그에 의해 이 부름은 의미를 갖는다. 부름 속에서 나는 내가 두려워해야 할 이웃에게 보내지는 것이다.[144]

동일한 악보 위에서 레비나스는 때로 아-듀를 달리 사용하기도 했습니다. 다른 음역에서요. 그는 물론 같은 것을 말하고

---

144 E. Lévinas, "La conscience non intentionnelle", 같은 책, pp. 118~119.

자 했지만, 덜 장중한 높이에서 그렇게 했죠. 웃음 띤 일종의 속삭임과 더불어, 레비나스는 같은 10년 동안 삶에 대한 아듀를 말하기 시작했습니다. 늙음을 느끼고 아는 사람으로서, 또 시간이란 작별adieu임을 아는 사람으로서, 레비나스는 아-듀가 특정한 나이에 뜻하는 바를 말하고, 이 아-듀라는 말을 어떻게 사용하는가에 대해 말했어요. 그가 그 말에 가져다놓는 모든 것에 대해("내가 지금 표현하는 바대로"), 예컨대, 우리가 환기했던 상처입기 쉬움에 대해 말했지요.

나는 우리가 언제나 이 세계에 실제로 있다는 점에 이의를 달지 않는다. 그러나 그것은 우리가 달라지고 있는 세계다. 상처입기 쉬움, 그것은 이 세계에 아듀라고 말하는 능력이다. 사람들은 늙어가면서 이 세계에 아듀라고 말한다. 시간은 이 아듀로서 또 아-듀로서 지속된다.[145]

또 한 번 시간으로서의, 더 정확히 말하면 미래로서의 아-듀가 등장합니다. "내게 적합한 방식에 따라, 또 타자로부터 시간을 다루는 데서 성립하는 방식에 따라"서요.

그것[시간]은 그 의미에 따를 때(만일 지향성 없는 의미를, 즉 노

145   E. Lévinas, *De Dieu qui vient à l'idée*, p. 134.

림도 노려진 바도 없는 의미를 말할 수 있다면) 신에 대한 인내
하는 기다림이다. 척도를 벗어남에 대한 인내다(내가 지금 표현
하는 바대로의 아-듀다). 그러나 기다려지는 것 없는 기다림이
다.[146]

이제 에마뉘엘 레비나스에게 마지막 말을 남겨봅시다. 고아
를 위한 말이지요. 우리는 그것을 다른 고아에게 보냄으로써
그 말의 용도를 바꾸고 싶지는 않아요. 이 고아는 언제나 고아
인 고아, 고아원의 고아, 아버지 없는 고아지요. 죽은 아버지 없
는 고아라고 할 수도 있겠군요. 남자건 여자건 이 고아에게는,
"무한한 번식성"이, "아버지됨의 무한"이, 또 "가족의 경이로
움"[147] 자체가, 금지된 확실성으로 남을 겁니다. 이것은 더욱 오

---

146 같은 책, p. 151.

147 다시 한 번 헤겔, 키에르케고르, 그리고 로젠츠바이크 사이의─또는 그 너
머의─"가족의 경이로움." "자아가 이렇게 자신의 번식성의 무한한 시간 속에 자
신의 주체적 도덕성을 놓으면서 진리 앞에 자신을 정립하는 이 상황─에로티시즘
의 순간과 아버지됨의 무한이 결합된 이 상황─은 가족의 경이로움 속에서 구체
화된다. 가족은 단지 동물성을 합리적으로 정비한 결과로서 생겨나는 것이 아니다.
가족은 단순히 국가의 익명적 보편성을 향하는 하나의 단계를 가리키는 것도 아니
다. 국가가 가족에게 어떤 틀을 남기는 경우에조차, 가족은 국가의 바깥에서 스스
로를 확인한다."(E. Lévinas, *Totalité et Infini*, p. 283).
가족과 아버지됨에 대한 이 해석이 야기할 수 있는 어떤 문제에 의해서도 우리는
환원 불가능한 복잡성에 눈을 감을 수 없다. 우리가 언급했던 것처럼, 여성적-존재
는 "진정한 받아들이는 자"로서 윤리의 근원을 의미하는 데 그치지 않는다. 아버지
됨은 결코 **남성다움***virilité*으로 환원되지 않는다. 어느 정도는 그것이 가족에서 성

래된, 더더욱 아득한 문제의 자리이고, 아직 채워지지 않는 환대에 대한 염려의 긴급함이지요.

이제 잠시 레비나스가 다른 곳에서, 글자 그대로, 토라의 "시나이 계시"에 관해, 또 번역에 관해, **창안해야 할** 번역의 사유에 관해, 얼마간 정치 그 자체로서 발언했던 바를 생각해봅시다.

토라의 천상의 기원이라는 이 개념은 무엇을 의미하는가? 글자 그대로의 의미로는 물론 그것은 시나이의 계시를 지시한다. 그 텍스트의 신적 기원을 지시한다. 여기서 관건은 그런 의미를 멀리하는 것이 아니다. 그러나 그러한 용어들의 체험된 의미작용을 서술하는 것이 불가능하다면, 우리는 어떤 경험을 통해 그것에 접근하게 되는지 질문할 수 있다. [……] **진리의 고유하게 종교적인 잉여가 이미 전제하는 번역을 찾아볼 수 있다.** [……] 토라는 초월적이며, 결국 세계의 순수한 존재론과 대비되는 그것의 요구들에 의하여 하늘에서 비롯하는 것이다. 토라는 각 존재가 그 고

적 차이의 질서를 흐트러뜨리는 것 같다. 우리는 앞에서 이 역설을 말한 바 있다. 아버지됨은 국가에 관하여는 무질서 자체다. 반면에, 영웅적 덕성의 남성다움은 부정적 함의와 더불어 전쟁 그리고 국가와 결부되는 경우가 잦다. 『전체성과 무한』의 마지막 페이지는 **남성적***viril*이라는 단어를, 다른 곳 어디에서나 동일한 규칙의 지배를 받는 용법으로 쓰고 있다. 매번 문제가 되는 것은 국가의 유한한 시간 속에서 죽음을 무릅쓰는 정치적 용기와 전쟁의 용기다. 이것은 아버지/아들 관계의 무한한 번식성과 대비된다. "번식성의 무한한 시간 속에서 살아가는 주체의 반대 지점에, 국가가 자신의 남성적 미덕을 통해 생산하는 영웅적이고 고립된 존재가 자리한다."

유한 존재 속에서 자연적으로 유지되는 것—기초 존재론의 법칙—을 거슬러, 낯선 자에 대한, 과부와 고아에 대한 염려를, 다른 인간에 대한 관심을 요구한다.[148]

148 E. Lévinas, *À l'heure des nations*, pp. 73~74. 강조는 데리다.

옮기고 나서

아듀, 떠나보냄과
맞아들임에 대한 짧은 대화

편집자　"아듀, 레비나스." 눈길을 사로잡는 제목입니다. 데리다
가 에마뉘엘 레비나스의 장례식 때 읽은 조사弔詞이자 그에게
보내는 마지막 말이라고 할 수 있는데요, 우선 이 책이 쓰인 배
경과 데리다와 레비나스의 관계에 대해 설명을 부탁드리겠습
니다. 레비나스의 장례식 조사를 낭독한 사람이 데리다였다는
것이 매우 흥미롭습니다.

문성원　이 책에는 두 개의 글이 함께 실려 있습니다. 둘 다 레
비나스에 관해 데리다가 발표한 글이죠. 하나는 말씀하신 대
로 레비나스가 세상을 떠난 직후에[레비나스는 1995년 12월
25일 사망했다] 장례식장에서 데리다가 읽은 조사입니다. 데
리다는 레비나스의 조사를 맡기에 적절한 인물이었다고 할 수
있어요. 세계적으로 유명한 철학자여서만이 아니라, 레비나스

와 각별한 관계가 있었으니까요.

데리다는 레비나스보다 스물네 살이 젊지만, 레비나스 철학에 대한 본격적인 논의를 시작한 인물입니다[레비나스는 1906년생, 데리다는 1930년생이다]. 데리다가 1964년에 발표한 「폭력과 형이상학」은 레비나스의 주저 『전체성과 무한』(1961)을 다룬 최초의 중요한 글이라고 할 수 있습니다. 이 글이 발표되고 나서 레비나스와 데리다는 서로 의견을 나눕니다. 그 당시에 주고받은 편지가 지금은 공개되어 있어요. 레비나스는 데리다가 하이데거의 영향을 벗어나지 못했고 자신의 논의를 너무 단순화했다고 불평을 합니다만, 데리다가 내놓은 비판의 신랄함과 그 식견의 풍부함을 인정하죠. 레비나스는 이후 자신의 철학적 사유를 발전시켜나가는 과정에서 데리다의 비판을 많이 의식합니다. 특히 철학적 언어의 역할과 한계에 대해서는 데리다의 비판을 넘어서고자 애쓴 흔적이 역력해요.

그런가 하면, 데리다의 경우도 레비나스로부터 직간접의 영향을 많이 받습니다. 저는 데리다가 환대나 용서, 증여 등의 주제를 제기하고 다뤄나간 데에는 레비나스의 사유가 큰 역할을 했다고 생각해요. 개인적인 이야기입니다만, 사실 제가 처음 레비나스를 접한 것도 1990년대 후반 데리다의 저작을 통해서였습니다. 나중에 데리다는, 물론 특정한 맥락에서입니다만, 자신은 근본적인 견해에서 레비나스와 다르지 않다는 식으로 말하기도 하죠.

어떻든, 레비나스의 죽음을 맞이하여 그의 사상을 되짚어보고 그 의의를 정리해보고자 할 때, 그 일을 하는 데 가장 적합한 인물로 데리다가 떠오르는 것은 자연스러운 일일 겁니다. 그리고 데리다는 이 일을 아주 훌륭하게 해냅니다. 이 책의 첫번째 글뿐만 아니라 두번째 글도 그 점을 잘 보여주고 있어요.

편집자 두번째 글「맞아들임의 말」은 레비나스의 1주기週忌 즈음하여 열린 레비나스 기념 학회에서 데리다가 개막 강연의 형태로 발표한 것입니다.

문성원 여섯 파트로 이루어져 있고, 그렇게 길지도 않지만 짧지도 않은 분량이죠. 이 연속 강연에서 데리다는 맞아들임과 환대를 키워드로 삼아 레비나스의 사상을 재조명합니다. 레비나스 철학을 자기 식으로 재해석하고 재정리할 뿐만 아니라, 문제로 남아 있는 면들과 앞으로의 논의에 열려 있는 가능성까지 짚어보려고 하죠.

원래 이 학회의 전체 주제를 나타내는 이름이 "얼굴과 시나이"인데, 데리다는 거기에 맞추어 너무도 탁월하게 논의를 전개해나갑니다. 얼굴과 시나이, 이 제목은 레비나스 철학의 가장 독특한 개념 중의 하나인 "얼굴"과 유대교의 성지인 "시나이"산을 결합시킨 것이죠. 주최 측에서는 아마 레비나스 철학과 유대철학 사이의 연관을 염두에 두고 이런 이름을 정한 것일 테지만 ── 이 학회의 조직 책임자인 다니엘 코헨-레비나스는 소르본 대학의 음악학 교수이자 유대철학 교수입니다. 레비나스의 아들인 피아니스트 미카엘 레비나스의 부인, 그러니까 레비나스의 며느리죠 ── 데리다는 낯선 자에 대한 환대라는 주제에 초점을 두어 얼굴의 직접성이 지니는 한계와 시나이의 지역적이고 민족적인 한계를 넘어서려고 합니다.

저는 데리다의 이 강연 내용이 레비나스의 사상을 이해하는 데뿐 아니라, 데리다의 철학을 이해하는 데도 꽤 도움이 된다고 생각합니다. 또 무엇보다도 한 사상가나 철학자의 견해를 비판적으로 수용한다는 것이 어떤 것인가를 보여주는 모범적인 사례라고 생각해요. 데리다는 레비나스에 대한 논의가 확산되는 데 큰 역할을 했을 뿐만 아니라, 그런 작업을 통해 자신의 철학을 주제적으로 발전시켜나갑니다. 이런 면에서는 데리다야말로 레비나스 철학의 창조적 계승자라고 할 수 있지요. 물론 그렇게 볼 것 같으면, 데리다가 계승하고 있는 철학자는 한둘이 아니지 않느냐고 반문할 수 있겠죠. 또 데리다 자신의 독창성이 계승이라는 범위를 넘어서는 강렬함을 지니고 있는 것도 사실입니다. 그러나 제 생각엔, 레비나스와 데리다 사이에는 특히 유의미한 사상적 연관이 있습니다. 그것은 레비나스가, 또 데리다가 우리 현실에 던지는 메시지와도 상관이 있죠. 저는 그것이 "환대"라는 개념으로 요약된다고 생각해왔습니다. 이 책을 번역하게 된 이유도 기본적으로는 그 문제에 대한 관심과 닿아 있다고 할 수 있습니다.

편집자 이 책의 제목에 대해서도 여쭤봐야 할 것 같습니다. 원제가 Adieu à Emmanuel Lévinas, "아듀, 에마뉘엘 레비나스"인데요, "아듀"라는 말이 작별인사로 쓰인다고는 알고 있었지만, "신dieu에게à 맡긴다"는 뜻으로 해석될 수 있다는 것은 이번에 처음 알았습니다. 최근 세월호 참사, 각종 테러 사건들을 마주하며, 어떻게 애도할 것인가에 대해 질문하는 일이 많아졌는데요, 데리다가 말하는 아듀를 이러한 애도와 관련지어 생각해볼 수 있을까요?

문성원 글쎄요…… 애도라면 아무래도 상실을 처리하고 슬픔을 견디며 메우는 일이라고 해야 할 텐데, 레비나스의 죽음도 상실인 이상, 그에 관한 작업이 애도와 결부되지 않을 순 없겠죠. 특히 데리다의 조사에는 그런 애도와 관련되는 대목들이 많이 있어요. 또 강연에서도 특히 마지막 부분에서는 죽음에 관한 이야기를 많이 하죠. 하지만 전체적으로 보면 이 책이 애도에 초점을 맞추고 있다고 하기는 어려울 것 같습니다(오히려 데리다는 "애도 작업"이라는 말을 "혼란스럽고 끔찍한 표현"이라고 부르며, 남아 있는 자들을 위무하기 위한 애도를 경계하기까지 합니다). 데리다는 레비나스를 사라진 자로, 그래서 우리가 어떤 절차를 거쳐 슬픔을 가라앉히면서 서서히 잊어야 할 자로 여기는 것 같지가 않으니까요.

물론 모든 애도의 작업이 잊음을 목표로 하는 건 아니겠죠. 억울한 죽음이나 잘못된 죽음 같은 경우에는 제대로 잊기 위해서도 먼저 처리해야 할 일들이 있고, 그래서 그런 일들에 초점이 가기도 합니다. 그러나 철학자들의 죽음은 경우가 좀 달라요. 그 사람들이 죽는다고 해서 그 철학이나 사상이 죽는 것은 아니니까요. 오히려 죽음이 그 사람의 철학과 사상이 지닌 생명력을 점검하는 기회가 되는 경우도 많습니다. 철학과 사상은 그 원저자를 떠나서도 살아남고 번성하며 발전하기도 합니다. 그래서 철학자의 경우에 그의 죽음은 한편에서는 떠나보냄이지만 다른 한편에서는 맞아들임이기도 한 것이죠.

저는 데리다가 레비나스의 죽음을 바로 이런 방식으로 대하고 있다고 생각합니다. 이 책의 첫번째 글이 떠나보냄에 방점을 찍고 있다면, 두번째 글은 맞아들임을 제목에서부터 내세우고 있어요. 물론 첫번째에도 맞아들임의 측면이 있고 두번째에도 떠나보냄의 측면이 있지만, 주된 강조점 면에서 보아 그렇다는 말씀입니다. 그 글들은 이제 응답할 수 없는 자에 대한 부름이고 응답입니다. 데리다 자신의 응답이고, 또 우리의 응답을 촉구하는 부름이기도 하지요. 이제 몸소 응답할 수 없는 레비나스를 불러 그의 사상에 우리가 응답하도록 우리를 부르는 데리다 자신의 부름이고, 또 그것이 레비나스에 대한 그의 응답이기도 한 것이죠.

　　　　아듀 레비나스

나아가 이것은 "아듀"라고 레비나스에게 말하는 방법이기도 합니다. 레비나스를 신에게 보낸다는 것, 신에게 맡긴다는 것은 레비나스의 사상에 대한 모든 가능성을 열고 그를 맞아들이는 것이기도 하니까요. 그의 철학이 가질 수 있는 모든 함의와 발전 가능성에 새로운 지평을 열어주는 것이라는 이야기지요. 데리다는 "아듀"가 한정된 우리의 삶과 생각을 그 테두리를 넘어서는 무한으로, 잉여의 의미로 데려가는 것이라는 점을 강조합니다. 레비나스가 "아듀"라는 말을 그렇게 사용했다는 점을 보여줌과 동시에, 그런 용법을 레비나스에게 적용하죠. "아듀, 에마뉘엘 레비나스"—이것은 데리다가 레비나스에게 새롭게 건네는 인사입니다. 신에게 맡겨진, 무한한 가능성에 맡겨진, 그 가능성을 채워나갈 우리에게 맡겨진 레비나스에게 말입니다.

편집자 무한에 대해서도 설명이 좀 필요할 것 같습니다. 지금 말씀하셨듯이 데리다나 레비나스에게 무한 개념은 어떤 종교적인 함의가 있는 것으로 보입니다.

문성원 무한이란 워낙 유한의 쌍 개념이죠. 따라서 유한에서 출발하여 접근하는 것이 이해하기 쉬울 것 같아요. 우리가 경험하거나 알고 있는 것들은 대개 어떤 테두리, 즉 한계가 있는데, 무한은 그런 게 없는 것, 그런 경계나 테두리를 제거한, 추

上抽象한 것이니까요. 즉, 유한의 부정이 무한이라는 얘기고, 무한이라는 말이 어떤 함축을 지니고 쓰이냐를 알기 위해서는 그 말을 사용하는 맥락에서 어떤 테두리나 한계가 문제가 되고 있는가를 보는 것이 중요하다는 뜻입니다.

레비나스에게서 문제가 되는 것은 전체화 가능한 세계라고 할 수 있어요. 우리가 알고 소유하고 지배할 수 있는 세계 말입니다. 아도르노 식으로 말하면, 동일성의 세계라고 표현해도 좋겠지요. 사실, 레비나스의 타자 개념은 동일자와 대비되는 것이니까요. 그래서 레비나스에서의 타자는 곧 무한과 연결됩니다. 요컨대, 레비나스에서 무한은 우리가 지배할 수 있는 테두리 너머를, 우리의 지배에 대한 부정을 뜻한다고 할 수 있습니다. 타자는 우리의 지배 범위를 넘어서는 자고, 그런 의미에서 무한한 자인 것이지요.

여기서 중요한 것은 출발점이 우리의 지배, 인간의 지배라는 점입니다. 우리의 무력함에서부터, 인간 능력의 한계에서부터 출발하여 그 한계를 부정한 것으로서 무한을 얘기하는 것이 아니라는 말씀입니다. 전통적으로 종교적 신은 이렇게 무력함의 부정인 무한과 결부되었지요. 그러나 레비나스에서의 무한은 우리 능력의 한계를 넘어서는 전지전능과 연결되는 것이 아닙니다. 오히려 지배를 넘어서는 지평과, 그런 의미에서 비-지배의 지평과 연결된다고 봐야 하겠지요. 이 점은 데리다에서도 마찬가지라고 할 수 있어요.

따라서 무한과 신을 연결시킬 때도 그 함의가 전통적인 신의 경우와 달라집니다. 그 신은 포이어바흐가 말하는 것처럼 인간을 연장시킨, 인간을 닮은 신이 아닌 것이죠. 물론 레비나스는 유대교 전통에 서 있고 신앙을 가지고 있으며 유대 경전을 주해하고 강의하기도 했습니다. 그러나 적어도 철학적 맥락에서 그가 말하는 신은 지배의 면모를 가지고 있지 않습니다. 유대교와 관련된 부분에 관해서는 제가 전문적인 식견이 없어 말하기 꺼려집니다만, 아마 거기에서도 신의 지배를 부각시키는 경우는 없지 않을까 짐작해봅니다.

편집자 레비나스가 죽음을 정의한 대목을 언급한 부분에 대해 질문을 드리겠습니다. 레비나스는 죽음을 무와 동일시하지 않습니다. 그는 이것이 카인과 같은 살인자나 바랄 법한 일이라고 하지요. 레비나스는 "죽음은 응답-없음", 혹은 "스캔들, 즉 무-응답과 내 책임의 스캔들"이라고 말합니다. 또 "나는 타자가 죽을 수밖에 없다는 점에서 그에게 책임이 있다"고도 말합니다. 이것은 무슨 뜻인가요?

문성원 레비나스는 많은 죽음을 목격했고 몸소 죽음의 위기를 겪은 사람입니다. 그의 형제와 친지들이 나치에 의해 살해당했고, 그 자신도 프랑스군으로 참전했다가 독일에 잡혀 포로 생활 끝에 종전을 맞이하죠. 그런 탓에 그의 철학에는 죽음의 문제가 깔려 있습니다. 하지만 그에게 문제가 되는 죽음은 어디까지나 자신의 죽음이 아니라 타자의 죽음입니다.

레비나스는 죽음 자체나 죽음 저편을 주제적으로 탐구하지 않습니다. 오히려 그런 종류의 문제 제기를 기각하죠. 죽음 다음의 사태는 우리가 알 수 없는 일이고, 따라서 관심을 가져봐야 소용이 없습니다. 또 그는 하이데거처럼 죽음을 통해 삶을 규정하려고 하지도 않습니다. 죽음을 향한 존재라든가 불가능의 가능성이라든가 하는 따위의 규정은 우리의 삶을 겁박하고 불안케 하여 자기의 확장과 타자에 대한 억압을 초래할 수 있습니다.

레비나스의 출발점은 삶을 한계짓는 죽음이 아니라 삶의 향유이고 반응입니다. 삶이란 반응하고 응답하는 것이죠. 그 삶속에서 우리가 경험하는 것은 우리의 죽음이 아니라 타자의 죽음이고 거기서 오는 의미입니다. 응답-없음이란 타자의 죽음이 우리에게 다가오는 모습이죠. 타자는 이런 무-응답의 상태를 피하기 위해 우리에게 호소합니다. 우리는 그런 타자에게 응답해야 하는데, 이것이 우리의 책임입니다. 알다시피 서양어에서 응답response과 책임responsibility의 연결은 직접적입니다. 우리의 삶은 응답과 책임으로 얽혀 있다고 할 수 있죠. 이런 점에서 타자의 죽음, 곧 타자의 응답-없음은 스캔들입니다. 우리 삶에서 벌어진, 내 책임과 관련하여 벌어진 감당하기 어려운 문제인 셈이죠. 또 이렇게 보면, 레비나스가 왜 타자의 죽을 수

밖에 없음을 나의 책임과 관련짓는가도 짐작해볼 수 있을 겁니다. 그 말은 다른 사람이 죽을 수밖에 없는 까닭이 나에게 있고 그래서 내가 어떤 대가를 치러야 한다는 뜻이 아니라, 죽음의 위협에 어쩔 수 없이 노출되어 있는 타자에게 내가 응답해야 함을, 내가 응답하지 않을 수 없음을 강하게 일깨우는 표현이라고 이해할 수 있을 거예요.

편집자 레비나스는 유대교 신자였고 그의 철학에서도 종교 문제는 아주 중요한 자리를 차지하고 있습니다. 데리다는 어떤가요? 그 역시 유대 혈통이라고 들었습니다만…… 이 책에서 거론되는 시나이나 예루살렘, 이스라엘 문제와 관련해서 데리다의 레비나스 해석을 어떻게 이해하는 것이 좋을지 간단히 말씀해주실 수 있을까요?

문성원 네. 데리다는 알제리 출신의 유대계 철학자입니다. 아마 그런 문화적 뿌리 덕택에 레비나스의 철학에 일찍부터 주목할 수 있었을 겁니다. 데리다가 유대교 신자는 아니지만 그의 사상에서도 유대교의 영향을 읽을 수 있습니다. 특히 후기에 올수록 눈에 잘 띄죠. 이를테면 메시아의 문제, 기다림과 구원의 문제 같은 것이 대표적입니다. 물론 데리다는 이런 것들이 어떤 고정된 함의를 가질 수 없도록 변형시킵니다. 메시아주의 없는 메시아성(이 책의 말미에도 이런 표현이 등장하죠), 기다리는 것 없는 기다림 같은 식으로 말입니다.

　그러니까 데리다는 유대적 전통의 영향에도 불구하고 유대적 특수성에 대해서는 확실히 거리를 두고 있다고 보아야 할 겁니다. 이 책의 강연에서 잘 드러나다시피 데리다는 끊임없이 보편성의 문제를 제기해요. 레비나스가 내세운 윤리적 명제가 어떻게 보편적이 될 수 있는가, 보편적이 되는 데 어떤 문제가 있는가를 계속 물고 늘어지죠. 제삼자, 여성성 등의 문제를 그런 맥락에서 바라볼 수 있습니다. "얼굴과 시나이"라는 주제에 관해서도 데리다는 보편적 환대에 초점을 두고 논의를 끌고 나갑니다. 시나이라는 특정한 지역에 국한되지 않고 모두에게 해당되는 윤리가 어떤 것이냐를 따져나가는 것이죠. "시나이"라는 지명의 특수성은 "시나이 이전의 토라"라는 레비나스의 언명을 거쳐 인류의 보편적 윤리 문제에 연결됩니다.

　이스라엘이나 예루살렘의 경우도 그렇지요. 데리다는 어떤 식으로든 이스라엘을 편들거나 시온주의에 호의를 보이지 않습니다. 레비나스의 경우는 조금 달라요. 사상적으로 편향되었다고 하긴 어렵지만 어쨌든 레비나스는 이스라엘을 방문하기도 했고, 다비드적 국가, 즉 성서적 국가로서의 이스라엘에 기대를 거는 모습을 보이니까요. 데리다는 이런 문제와 관련된 레비나스의 언급들을 거론하면서 혹시 있을지도 모르는 편향된 이해를 극복하려 노력합니다. 데리다가 "정치적인 것 너머"로서의 레비나스적 윤리에 주목하는 한편, 칸트의 보편적 환대와 견주면서 레비나스적 맞아들임의 의미를 해명해가는 과정을 보면, 그런 의도를 어렵지 않게 읽을 수 있어요. 피난처로 부각되는 예루살렘의 의미도 마찬가지죠. 데리다의 논의 속에서 예루살렘은 특정한 지역명을 넘어서는 보편적인 자리를 가리키게 됩니다. 정치 너머의 윤리적 장소를, 그렇지만 정치 속에서의 윤리적 장소를 나타내는 이름으로 해석된다는 것이지요.

저는 데리다의 이런 관점이나 자세를 통해 우리가 생각해볼 바가 있다고 봅니다. 우리가 어차피 특정한 조건, 특정한 이해관계에 몸담고 있다고 할 때, 그 와중에서 어떤 철학적 입장을 취할 수 있고 또 취해야 하는가와 관련해서 말입니다.

편집자 데리다를 보편주의자라고 할 수 있을까요? 오히려 그의 해체론적 입장은 상대주의의 면모가 강하지 않나요?

문성원 글쎄요…… 해체를 내세운다고 해서 꼭 상대주의라고 할 수 있을까요? 모든 개념 체계가 완결적이지 않고 해체 가능하다고 보는 것은 이래도 좋고 저래도 좋다는 입장이라기보다는, 어떤 개념 체계든 특권적 지위를 가질 수 없다는 보편적 견지에 서는 것이라고 할 수 있지 않겠어요? 저는 데리다에 보편을 강조하는 면이 있다고 생각합니다. 특히 정치철학 쪽에서 보면, 그런 점이 두드러진다고 보고 있어요. 물론 데리다가 어떤 적극적인 질서를 보편적인 것이라고 주장하는 것은 아니죠.

또 데리다가 초점으로 삼는 주제들을 보면 분명히 약자나 핍박받는 자들과 관련된 문제들을 다루죠. 그런 점에서 보면 반反권력적이고 반지배적인 해체적 보편성을 내세운다고 할 수 있을지 몰라요.

권력이나 지배에 비판적이라는 점에서는 레비나스도 마찬가집니다. 어떻게 보면 레비나스가 더하다고 할 수 있죠. 지배 너머의 지평을, 정치 너머의 윤리를 앞세우니까요. 여기에 비해 데리다는 정치의 차원을 중요하게 다룹니다. 레비나스 철학에서 정치는 윤리를 통해 극복해야 할 영역으로 취급되죠. 또는 정의正義 문제와 관련해 부수적으로 다루어질 뿐입니다.

편집자 보편성은 주로 정치와 관련이 있다고 보아야 한다는 말씀인가요? 데리다가 레비나스의 윤리에 대해 계속 보편성의 문제를 제기한다고 하셨는데, 보통은 윤리가 오히려 더 보편적인 원칙에 근거한다고 생각하지 않나요? 반면에 정치에서는 일반적으로 특수한 이해관계의 조정이 문제가 된다고 여기고요.

문성원 그런 점이 있지요. 그런데 보편성에도 여러 측면이 있습니다. 이렇게 말하니까 좀 이상하긴 하군요. 보편적이지 않은 면들이 보편성에 있다는 말처럼 들릴지 모르겠어요. 하지만 지금 논의에서 문제가 되는 초점을 분명히 하면 그렇게 혼란스럽지는 않을 겁니다.

데리다가 주로 거론하는 보편성은 공평성과 관련된 문제라고 할 수 있습니다. 레비나스가 말하는 윤리는 대면적인 관계, 1대 1의 관계이고 그것도 유한한 동일자와 무한한 타자 사이의 관계라서 공평성의 문제를 다루기 어렵거든요. 타자를 환대하고 타자에 책임을 지라고 하지만, 우리가 대하는 타자는 여럿이잖아요. 그들 사이에 갈등이 생긴다면 어떻게 하나요. 가령 우리 이웃들 사이에 싸움이 난다면 우리는 누구 편을 들어야 하죠? 물론 레비나스는 우리가 대면하는 타자의 호소에 매번 귀 기울이고 응답하라고 말할 겁니다. 레비나스의 윤리는 전혀 계산적인 것이 아니니까요. 비교하고 조정하는 일을 넘어선 차원에서 성립하죠. 그러나 이해관계의 갈등을 넘어서서 누군가의 호소에 충실히 응답한다는 것이, 그렇게 순수하게 책임을 진다는 것이 과연 어디까지 가능할까요?

이런 점 때문에 레비나스도 결국 비교와 공평성의 문제를, 그런 것으로서의 정치가 필요함을 인정할 수밖에 없었습니다. 그렇지만 그는 이 정치보다 윤리가 우선적이고 근본적이라는 점을 항상 강조하죠. 비교 불가능한 것을 비교해야 한다는 식의 표현은 이와 같은 윤리와 정치 사이의 관계 설정에서 나오는 말이라고 할 수 있어요. 데리다는 이 관계를 계속 추궁합니다. 그리고 거기에 메우기 어려운 틈이 도사리고 있다는 점을 확인하죠. 레비나스는 정치 너머인 윤리가 정치의 바탕이 되어야 하고 또 정치에 들어와 있어야 한다고 말하지만, 어떻게 그럴 수 있는지는 분명치 않습니다. 이것이야말로 우리가 윤리와 정치 사이의 문제를, 책임의 절대적 보편성과 공평한 대우의 보편성의 문제를 계속 염두에 두지 않을 수 없는 이유죠.

편집자   제삼자와 삼자성이라는 개념도 그러한 윤리와 정치 사이의 문제와 관련지어 설명할 수 있을 것 같습니다.

문성원   제삼자의 출현은 양자관계가 아닌 삼자관계가, 따라서 비교와 계산의 관계가 성립함을 나타냅니다. 그러니까 이것은 정치의 성립을 뜻하지요. 이 영역에서 우리는 공평하고 보편적인 해결을 시도할 수 있어요. 그러나 그 공평성과 보편성은 언제나 불완전한 것이죠. 계산이 정확하지 못해서가 아니라 계산할 수 없는 것이 바탕에 있기 때문입니다. 타자와의 관계가 그것입니다. 그런데 이 타자와의 관계도 여럿이지 않습니까? 그렇다면 우리는 대면적 윤리와 관련해서도 보편성을 얘기할 수 있어야 하지 않을까요? 우리는 한 번에 한 타자씩을 만날 뿐이지만, 그리고 그때마다 타자와의 관계에 매번 충실해야 하지만, 이 모든 타자와의 관계가 마찬가지의 충실성을 보장받을 수 있어야 하지 않을까요? 우리 자신이 타자로 받아들여질 가능성까지 포함해서 말입니다. 사실, 삼자성이란 이렇게 대면관계가 보편적으로 확보될 수 있는 가능성을 뜻한다고 이해하면 좋을 겁니다. 그러니까 삼자성은 정치가 아닌 윤리의 차원에서

아듀 레비나스

성립할 수 있는 보편성인 셈이죠. 그런데 이것은 언제나 제한된 자리에서 타자를 만날 수밖에 없는 우리로서는 직접 체험할 수 없는 경지입니다. 그래서 이것은 성스러움과, 신적인 것과 결부됩니다.

편집자　보편적 환대라는 개념을 "시리아 난민 수용"이라는 현실 문제와 결부시켜 해석해볼 수 있을까요? 레비나스와 데리다가 살아 있다면, 이와 관련하여 어떤 입장을 취했을까요? 데리다가 말하는 보편적 환대라는 것은 "무조건적인 환대"와는 다른 것인가요? 레비나스와 데리다, 그리고 칸트의 환대 개념에 어떤 차이가 있는지 곁들여 설명해주시면 좋을 것 같습니다.

문성원　어려운 질문이군요. 이미 직접적인 응답이 없는 두 사람을 대신해서 감히 응답해보라는 말씀이신데, 제가 책임지기 어려운 요구 같습니다. 그래도 무리를 무릅쓰고 몇 말씀만 드려볼까요.

　레비나스와 데리다라면 물론 난민을 수용해야 한다는 입장을 취했을 겁니다. 레비나스가 말하는 대면적 윤리의 면에서는 당연한 태도고, 데리다가 강조할 법한 보편성의 견지에서도 그렇습니다. 데리다는 국경이나 영토를 위시해서 어떤 배타성에도 절대적으로 확고한 근거는 없다고 생각하니까요. 그러나 데리다는 윤리적 환대로서의 무조건적 환대는 언제나 조건적인 면과 함께함으로써만 구현될 수 있다는 점을 아울러 강조합니다. 현실에서는 조건과 제약을 무시할 수 없지요. 무조건적인 환대만 내세워서는 아예 환대가 존립할 수조차 없게 될 테니까요. 정작 데리다가 말하고자 하는 점은 조건적 환대 아래에는 항상 무조건적 환대의 정신이 자리 잡고 있어야 한다는 것입니다. 그래야 특정한 조건적 틀이 고정되는 것을 막고 항상 변화와 개선의 여지를 열어놓을 수 있으니까요.

「맞아들임의 말」 뒷부분에서도 읽을 수 있는 것처럼, 데리다는 칸트가 주장했던 상호 조건적 환대가 지니는 보편성의 면모도 경시하지 않습니다. 사실, 오늘의 현실은 칸트적 환대도 제대로 충족시키지 못합니다. 칸트가 말하는 환대는 내가 당신네 나라에서 환대받을 권리가 있듯, 당신도 나의 나라에서 환대받을 권리가 있다는 것이니까요. 이런 정신에 따르면, 내가 난민이 될 때 받아들여져야 하는 것과 꼭 마찬가지로, 운이 없는 오늘날의 난민들도 내 나라에서 환대받아야 마땅합니다. 그런데 이런 조건적 환대조차 잘 이루어지지 않는 현실을 과연 조건의 차원을 통해서만 개선시킬 수 있을까요?

데리다는 무조건적 윤리의 면을 강조하는 레비나스와 관련해서는 공평성과 보편성의 문제를 계속 추궁하지만, 그와 같은 상호적 보편성만으로는 헤쳐나갈 수 없는 영역이 우리의 삶에 있다는 점, 그리고 그런 면을 염두에 두지 않으면 법과 권리조

아듀 레비나스

차 생명력을 잃어버리게 된다는 점을 또한 강조합니다. 칸트적 보편성의 한계를 극복하기 위해서는 레비나스에 기댄다고 할 수 있겠죠.

편집자 더 설명을 부탁드리고 싶은 점들이 있지만, 그러다 보면 끝이 없을 것 같으니 여기서 마무리짓도록 하지요. 그렇게 길지 않은 이 책에는 레비나스 철학과, 오늘날까지 이어지는 20세기 말의 정치적 상황과, 그것을 아우르는 데리다의 해석이 함께 들어 있는 셈이네요. 게다가 그 해석은 어떤 명료한 의미나 지침으로 마무리되기보다는 지속적으로 숙고해야 할 과제를 주는 것 같습니다. 그것이 데리다가 말하는 아듀의 의미라고 할 수 있을지 모르겠어요. 그런 점에서 이 아듀는 데리다가 레비나스와 더불어 독자들에게 건네는 새로운 만남의 인사라고 할 수 있을 것 같습니다.

문성원 예, 저도 그렇게 생각합니다. 아듀란 신에게 맡긴다는 인사고, 이때 데리다가 이해하는 신이란 피안의 존재가 아니라, 우리의 삶을 에워싸고 있고 우리 삶에 삼투해 들어오는 비밀스러움 같은 것일 테니까요. 레비나스가 이 비밀, 또는 성스러움이 타자에 대한 책임을 일깨우는 윤리로서 다가오도록 했다면, 데리다는 맞아들임과 환대의 개념을 통해 이 윤리의 문제가 어떻게 정치와 엮일 수 있는가를 거듭 문제 삼고 있다고 할 수 있을 겁니다. 저는 데리다의 이와 같은 문제의식이 우리 사회에도 필요한 것이라고 생각해요. 상호적 이익의 계산을 넘어서는 환대의 문제, 그리고 그것과 정치의 관계 문제는 우리에게도 이미 남의 것일 수 없을 뿐더러, 어쩌면 조만간 매우 긴급하고 절실하게 제기될 수 있는 문제가 아닐까 합니다.

또 저는 꼭 그런 점 때문이 아니더라도 데리다의 이 책이 레비나스나 데리다의 사유에 관심이 있는 사람들에게 아주 매력적으로 다가갈 수 있다고 봅니다. 데리다가 레비나스에게 건네는 물음이자 응답을, 언뜻 복잡해 보이지만 매우 풍부하고 집요하며 잘 짜인 구조의 대화를 목도할 수 있으니까요.

편집자 번역하시느라 정말 수고 많으셨습니다. 장례식 조사와 강연문으로 쓰인 글이라고 해도, 레비나스 철학 전반을 꿰뚫는 이야기를 하고 있고, 또 거기에 데리다의 독특한 해석이 덧붙여져 있기 때문에, 번역하시기에 어려운 점이 많았을 것 같습니다.

문성원 물론 제가 만족스러울 만큼 제대로 옮겼다고는 자신할 수 없습니다. 나름 애를 썼습니다만, 아마 원문 이해나 우리말 표현에 미흡한 점이 많을 겁니다. 그나마 이런 정도로라도 읽을 수 있는 형태를 갖추게 된 것은 김현주 편집장님의 도움이 컸습니다. 이 자리를 빌려 감사드립니다.